Driving Historic America

ドライビング・ヒストリック・アメリカ

懐かしのヴァージニアに住まいして

松岡 將 著
Matsuoka Susumu

同時代社

はじめに

今からおよそ四百年前の我が国にあって、天下分け目の関ヶ原合戦に勝利した東軍の総帥徳川家康が江戸に徳川幕府を開き、大坂冬、夏の陣を経て豊臣家が滅亡して江戸徳川幕藩体制が確立した十七世紀の初頭のこと。丁度その頃、アメリカ大西洋沿岸においては、一六〇七年には南部ヴァージニアで、次いで一六二〇年には北部マサチューセッツ湾にあって、いずれもイギリス植民が開始されたのだった。

以後、百数十年のイギリス植民地時代を経て、これら二植民地を中軸とするアメリカ大西洋沿岸十三植民地の、イギリス本国との間の独立戦争が戦われ、一七七六年、十三州からなるアメリカ合衆国が誕生した。

さらに、一八〇三年のフランスからのルイジアナ購入が契機となって、大西洋沿岸部から西へ西への、いわゆる西漸運動が進められていくこととなった。アメリカ合衆国のこのような国を挙げての社会的動きは、我が国にあっては江戸時代末の、一八六〇年代前半の南北戦争の間は一時中断をみるのだが、戦争終結後は、再びの西漸運動となり、十九世紀末には、大西洋岸から太平洋岸まで、東西、四千キロ、南北、二千キロの、大陸国家が誕生した。かくしてアメリカ合衆国の外延的拡大は終わりを告げ、広大な、文字通り地続きの大陸国家の、国としての内なるなかみの充実が次なる課題となった。

　このような地続き大陸国家の国造り的要請にもの的に応えたのが、一九〇八年、自動車大衆化の第一歩となった、ヘンリー・フォードによるフォードT型モデルの製造発売開始であった。一九〇八年といえば、第一次世界大戦に先立つこと六年、ロシアにおいてはロマノフ王朝治下政情不安著しく、社会主義革命に先立つこと九年であった。

　その後の二十年間に一千五百万台にも達したこのフォードT型モデル製造発売開始は、その生産工程の革新と相まって、単なるアメリカでの「自動車大衆化」の第一歩に止まらず、さらに広く大きく、現在の欧米諸国や日本のごときいわゆる先進工業諸国での「大衆消費社会」を実現していく、文字どおりの画期的な第一歩となったのだった。

　そのフォードT型モデルの時代からすでに百年をも過ぎた、孤立分散的なアメリカ社会。そこでは、いわゆるモータリゼーションが、日本でのたかだか二、三世代に比して、すでに四、五世代にもわたっており、この間に、その広大な国土とそのことによる生活空間の広さと相俟って、自動車が生活体系の中に完全に溶け込んでしまっている。これを言い換えれば、アメリカ人の居住環境や社会インフラを含めた個人的なあるいは社会的な生活の全面にわたって、さまざまな行動や行事をするにつけて、何もかにも、意識的にも無意識的にも、自動車の存在を前提としたアクション・プログラムが組まれ、そしてそれが実行に移されていっているのである。

というわけだから、真の意味でのアメリカ生活は、自動車なしには成り立たず、もしあなたが外国人であるならば、あなたのアメリカ生活は自動車を手に入れたときから始まり、自動車を手放したときにそれが終わることになる。

しかるにもしも、幸か不幸かあなたがアメリカ人だとすると、やや誇張して言えば、好きであろうと嫌いであろうと、自動車との縁を死ぬまで絶つことができないのだ。もし自動車の運転ができなくなれば、アメリカ社会では一人前の社会人として、ひとの世話にならずに生きていくことができなくなる。だからこそ、おん年八十を超えたかとお見受けする老婦人が、事故時の身の安全にも配慮して、どでかいキャデラックを運転している、といった光景もよく目にするのだ。

一九七〇年代の前半のころに、家族とともに自動車万能のこのアメリカに赴任することになったときの期待感と焦燥感とが入りまじったような感覚を、今となれば懐かしく思い出す。なにしろ赴任までの期間はかぎられているのに、家族のそれぞれがなすべき準備はあまりにも多いのだ。

私はたまたま自動車好きで、我が国の第一次モータリゼーションの過程にあって、この時点で既往に五、六年の運転経験があったのでまだよかったのだが、家内の場合は英語も駄目、自動車の運転も駄目、といった具合。短い準備期間のこととて、下手をすれば、両兎を追って一兎をも得られないことになる。

でも、腹をくってよくよく考えてみれば、アメリカにあって、英語は知らなくても暮らしていけるが、自動車の運転の方は、知らないと暮らしていけないとなれば、答えは自ずから明らかではないか。そう私から説得されて、家内も必死の思いでドライビング・スクールに通い、なんとか国内運転免許と、あわせて国際運転免許を取得することが出来た。このようにして我々家族、夫妻と子供たちは、それぞれがそれぞれの、期待と不安とを抱きつつ、ドライビングの国アメリカにリビング・インするべく、極東の島国日本から、はるばるとやって来たのだった。

ドライビング・ヒストリック・アメリカ／目次

※本書に収録した写真・図版には、それぞれ出典を明記した。断りなきものは松岡将および同行者の撮影によるものである。
なお、Google Maps / Google Earth からのそれらは、Google の利用規約に則り、米国のフェアユースの原則に従い使用している。

第Ⅰ話　乗って走った一〇万マイル

「郷に入れば郷に従え」

これは、時《とき》の今昔、洋の東西を問わず、故郷を離れて異郷の地に住むこととなった人びとにとっての金言である。

だが、この金言を実行にうつすのは、決して容易なことではない。なぜなら、「郷に従う」ためには、当然のことながら、「郷」を知らなくてはならず、「郷」を知るためには、異郷の生活文化に対する鋭い観察眼とそれ相応の観察期間を必要とする……いやそれだけではない。本当に「郷に従う」ようになるのは、こういった言わば意識的な面にとどまらず、だれしもが持っている無意識的な生活上の、言わばものさしが、故郷のそれから、異郷のそれへと変わってくる必要があるのではないか。

ワイフは戦車の名ドライバー

情けなさそうな声でワイフが言った。

「なぜこんな戦車みたいな大きな車を私が運転しなくちゃならないの」

ワシントンに赴任してきて、まずは前任者との事務引継ぎ。ついで何はともあれの住む家探し。私の場合、勤務先の大使館から十キロ弱、車で二十分弱の、DCからポトマック川をわたったヴァージニア州マクリーンに、何とか、これから数年住むこととなる家を見付けた。次いでこれまた何とか、これから数年乗るべき車を買い入れるなど、慣れないことずくめの二、三週間が飛ぶように過ぎて、ようやく人心地がついてきたこの頃。

そして今日は、一週間ほど前に買ったばかりの七千五百CCフルサイズ車、オールズモビル・デルタ88のワイフへの特訓である。場所は、マクリーンから少し南に下ったフォールスチャーチ在の大ショッピングセンター、セブンコーナーズの大駐車場。もっとも駐車場とは言っても、今はウイークデーの昼下がりのこととて、車はショッピングセンターの建物の間近《まぢか》にパラパラ何十台か止めてあるくらいで、われらがオールズの前後左右、何十メートルにわたっては、障害となるべき何ものも見当たらない。にもかかわらず、先刻の

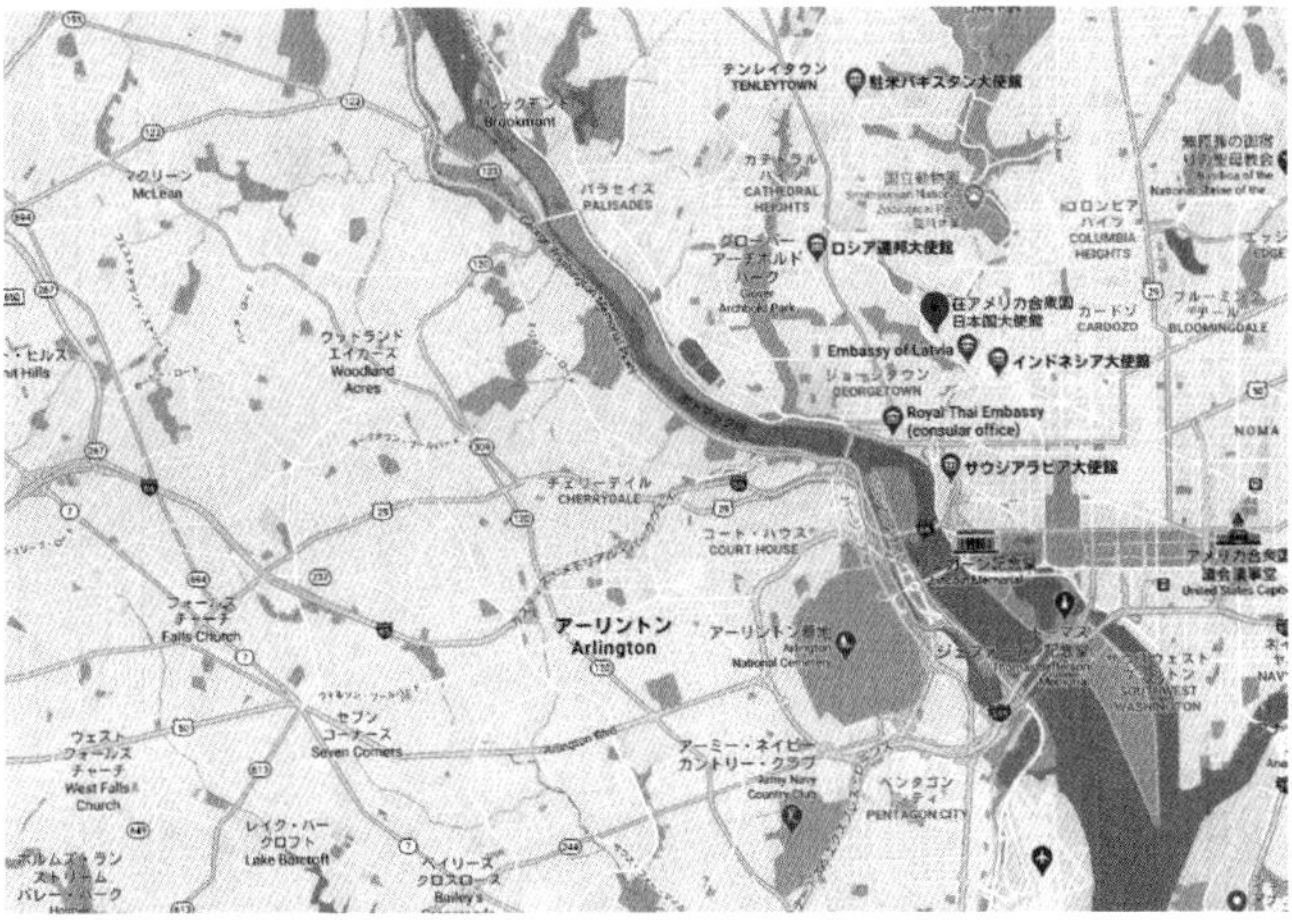

在米日本国大使館とマクリーン（左方の上部）（「Google Maps:2020」より）

セブン・コーナーズの大駐車場（「Google Earth:2020」より）

ワイフ発言。やはり、人に乗せてもらっているときはことさら気にならなくても、いざ自分がハンドルを握るとなると、セカンドカーのＶＷビートルなどはまるでおもちゃのようなもので、フルサイズ車の重厚長大さを改めて感じるのも無理はなかろう。

もっとも、そういう私自身、人のことを笑えた義理ではない。

なにしろ、赴任早々であろうと何であろうと、どこに行くにも何をするにも、自分で車を運転しなければならないお国柄とて、何はさておいても車の手当てがマスト。わが家の必須台数二台のうち、とりあえず一台は前任者からＶＷビートルを譲り受けてセカンドカーとして、ファーストカーは新車を買うことにした。

新車を買う………。わが日本であるならば、これは、だれにとっても若干とも心おどるプロセスではある。もちろん懐具合が大きな決定要素であるわけだが、それにしても、あれにしようかこれにしようかといった具合に、カタログを眺めては思案し、ときには家族会議の議題に供せられたりして、いろいろなものさしが当てられて、どの車にするか決まってくる。いったん、これ、と決めてしまえばあとは楽で、面倒くさいことはほとんど担当セールスマンがやってくれて、某月某日、わが家の前にピカピカの新車が届く、という仕掛けである。

では、はじめて家族一同で住むこととなったここアメリカではどうか。問題の第一は、わが家のごとき言わば中流家庭の購入対象たり得べき車の種類があり過ぎることだ。国産車（と言うのはもちろんアメリカ車）だって、サイズだけでもフルサイズ、インターミディエート、コンパクト……といろいろだし、それに車格だって、キャディ、リンカーンから始まって、ビュイック、オールズ、マーキュリー、フォード、シボレーなどと、これまたきりがない。これに加えて輸入車の大群。メルセデスはよほど懐との相談が必要だし、それになにしろデリバリーが何カ月もかかるのでこの際ご遠慮するとしても、ご存じわが日本車をはじめとして、ドイツ、スウェーデン、イタリアと、これまたきりがないのである。そして、車種の多さに対応して、ディーラーの数また数。いかに自由の国アメリカとはいえ、また選択の自由がいかに有難いこととはいえ、あり過ぎということもまた問題なのだ。

　と言うのは、こういった、せっかくの選択の自由の潤沢さの半面、アメリカ新参者の特殊事情のしからしめるところではあるにしても、一に選択のものさしなく、二に選択の時間なく、三に選択の手段がないのだ。

　この最初と二番目は文字どおりとして　三番目について若干解説すれば　アメリカでは、

もっぱらディーラーがショールームに車を並べて、セールスマン氏たちがひたすら客の来るのを待ち受けているのであるから（したがって客はみな、一見《いちげん》の客ということになる）、買う方としても、車を買うために車を駆って、広い郊外に散在するディーラーからディーラーへと渡り歩く（車へんがいるかな？）こととなる。おまけにいざ買ったとなると、その車はディーラー渡しとなるから、買いたての車を自分が家までころがして行かねばならない。したがって、新たに車を買うには、一台の車と二人の運転者を要することとなるのだ。

　さてさて、そこで私自身の場合はどうかと言うと、前任者に連れられて、二、三日かかって二十近くのディーラーを回ってみたが、もともと車好きでなまじっかの知識があるばっかりに、かえって回れば回るほど、迷いは増すばかり。そうなってくれば、大げさに言えば、何かひとつの哲学を持って、これに準拠する以外に打開策はない。そこで生み出した哲学は、

「せっかくアメリカに暮らすことになったのだから、アメリカでなくては乗れない車に乗ろう」

　というもの。いったんこうと決めればあとは楽で、思い迷うことなく財布の許すかぎりの車格のフルサイズ、ということにしたのだった。

自動車の売買にからむ事務手続きを終えて、ディーラーから新車を受け取ったのはいいが、はじめて運転するフルサイズ車、おまけに左ハンドルの右側通行とあっては、前任者に先導されているとはいえ、高速環状線を通って我が家についたときは、さすがに文字どおり手に汗する思いであった。

そして話はだいぶ前に戻るが、今度はワイフへのそのフルサイズ車の特訓というわけだ。なにしろ、朝、私が車で大使館に出て行ってしまえば、それからあとは子供たちの学校の行き帰り（スクールバスがある）を除いて、ショッピングはもちろんのこと、病院、銀行、ポストオフィスなどに行くのも、また数多い社交行事に参加するのも、おまけに子供たちのパーティーやらピアノのレッスン、野球やアメフトの練習の送りむかえなどなど、およそわが家の外で行われるすべての事柄について、ワイフに運転手を務めてもらわなければならないのだから。ここアメリカの地では、英語が話せなくても生きていけるが、車が動かせなければ、もはや社会人たり得ないのである。

人っ気も、車っ気もない郊外のショッピングセンターの大駐車場を利用させていただいて、発進、加減速、カーブ、ブレーキング、車庫入れ、幅寄せなどを一、二時間も繰り返すうちに、ワイフも最初の恐怖心はどこへやら。

「ブレーキがすごくよくきくわね。それに車庫入れなんかもハンドルが楽々じゃない。どおりで、アメリカのオバさんたちが気楽に運転していると思った。今度の日曜は高速運転の練習をしましょうよ」

などと言い出す始末となって、まずはめでたし、めでたし。

ビートルがスバルに見えてきた

このようにして始まった四年間のワシントン滞在期間中、わが家でワイフともども、乗った車は四台、走行距離は合計で、ちょうど十万マイル（十六万キロ）に達した。地球を四年で四回りしたことになる。

四台の内訳は、まず最初は先ほどのオールズモビル・デルタ88とVWビートルの二台をつかい、一年ほどしてマスタング・マッハIを買い足して、三台を乗り分けてつかった。ビートルは、相当の年代ものだったせいもあって、いつも家の前の道路に、ろくに鍵もかけずに置いておき、文字どおりゲタ代わり。例えば、夏などパンツひとつにバスタオルを肩にかけて近くのクラブのプールに泳ぎに行ったり。また、アルコールをきらしたり、ワイフや子供たちからちょっとした買物を頼まれれば、「ホイキタ」とばかり、日本で言え

オールズモビル・デルタ 88

ばかどのたばこ屋に行くよりももっと気軽な感じで、ドラッグストアにビートルを走らせる。

ついでに言えば、ものの大きさを見るものさしが日本的それからアメリカ的それに変わってくると、ビートルだとちょうどスバル360くらいにしか感じられなくなる。駐車の簡便さや維持、修理費の安さなどの半面、荷物が積めない（週末の一週間分のショッピングには不向きである）ことや、特に高速道路での速度や安全性の問題などもあり、これまた日本になぞらえれば、ちょうど、軽をセカンドカーにしたようなものかもしれない。

もっとも、ＶＷビートルの名誉のために

付言すれば、改めて車に乗るという気がしないほどに乗りやすかったし、また、特に、冬、雪が降ったときなどは、空冷、リアエンジン、リアドライブにマニュアルシフトがきいて、ほかのご立派な車がみな、難渋したり立ち往生したりしているのを尻目に、大活躍するのが常だった。日常、随分と愛用したつもりだったが、もっぱら近距離専用だったせいか、走行距離は四年間で二万マイル（三万キロ強）ほどだった。

　マスタング・マッハIは、私が言わば日本では到底かなわぬ趣味を、この際とばかり発揮した産物である。オールズとビートルの二台があるのに何も、と思われるかもしれないが、実はひところアメリカで、ビートルの安全性（衝突時と高速走行時の横風）がひとしきり話題となったことがある。その話を聞いた心配性のワイフが、めずらしくも愛夫性を発揮して、「お金に命は代えられないからぶつかっても大丈夫な車を買ったら」、と言い出し、私が渡りに船（車？）とこれに便乗したのだった。そして、どうせ私が主につかう車であるからとばかり、やや通ぶって、ラジアルタイヤ、マニュアルシフト、革ハンドル、黒のバケットシート、それに高速走行に備えてハンドルはパワーにせず、冷房もやめる、といった具合に、格好よさに重点を置いた。おかげで、この車はワイフにはあまり好かれず、

マスタング・マッハⅠ

結果的にも、ほとんど私がつかうことになる。そして後部座席が小さいので、家族旅行にも不向きだし、また、日本から来た客を助手席に乗せて近郊を案内するときなど、スピードをあげると人によってはこわがったりもした。

大使館からの帰途、夕暮れせまるポトマック川沿いのパークウェイを、ひとりマスタングを走らせる……といった構図も悪くはないのだが、総合的実用性という見地からすれば、私はマスタングにとって、すでにオジンであり過ぎたのかもしれない。

ただ、これまたマスタング（それもマッハⅠ）の名誉のために付言すると、アメリカでは、ドゥ・イット・ユアセルフといったわけで、引き出しやら机やら特に子供用のものなどは、材料を買ってきて自分で組み立てることが多いのだが、マスタング・マッハⅠは、リアシートを前に倒すとたちまち広く大きな空間ができあがるので、こういった際の荷物運びには、もっぱらマスタングに活躍してもらった。走行距離は、三年余で二万マイル（三万キロ強）だった。

ファーストカー用にフルサイズ車を買った際の顚末《てんまつ》は、前に記したとおりである。さてそこで、その後四年間のフルサイズ車の活躍やいかに、ということになるのだが、その前に、自動車社会学を論ずる際の前提となるアメリカ自動車生活の特徴を、気のつくままにあげてみよう。

荻窪・赤羽間を行ったり来たり

まず第一は、言わずもがなかもしれないが、アメリカの広さ、そして、日常生活の活動領域の大きさ。それに加えて、公共交通機関がほぼ皆無。小中学生の登下校は原則としてスクールバスだが、スーパーだろうが病院だろうが、みな何キロも離れている……と言ってみても、あまりイメージがわかないかもしれないので、これをわが日本になぞらえてみよう。ワシントン在勤中、私たち一家は、ワシントン郊外のヴァージニアのマクリーンに住んでいたが、これを「東京的」に言えば、皇居あたりを中心に考えると、距離的にはほぼ荻窪あたりになる。そこである春の土曜日のわが家の一日の行動を「荻窪」を起点に、「東京的」にたどってみると、例えば次のようになる。

朝八時から「阿佐ヶ谷公園」でリトルリーグの野球の練習があるので、小五の息子を送りとどける。次いで「赤羽」在の学校を借りて毎週土曜日に開かれる日本語補習学校が九時始まりなので、今度は小二の娘を乗せて、「荻窪」の家を出て、「赤羽」まで行く。帰路、ちょっと足をのばして「下北沢」にある大ショッピングセンターに行き、靴を買って帰る。

家に帰って一息《ひといき》入れて新聞などを読んでいるうちに、息子の野球の練習も終わる時間なので、「阿佐ヶ谷公園」に行き、そこで息子をピックアップする。そして、そうでなくても最近日本語がとみにあやしくなってきている息子のこととて、野球にかまけてそうそう日本語学校をサボらせるわけにはいかないので、近くのマクドナルドに寄って、ハンバーガーを買って息子に車の中で食べさせつつ、「赤羽」に直行する。そこで待つことしばし、小二なので午前中で授業の終わった娘をピックアップして「荻窪」のわが家へ。

家で昼食を済ませて、今度は庭であのにくらしいタンポポを征伐しながら、芝刈りに汗を流しているうちに時計は三時を回り、もう一度息子をひろいに、そして今度は帰路途中のスーパーでの一週間分の飲食料品の買物をする関係で、ワイフともども、「赤羽」に向かう。息子をひろい、買物を済ませ、帰宅して、夫婦ともども着替えをして、次は六時からの「川口」の友人宅で開かれるパーティーに向かう……といった具合。ああ、やれやれ。これでいったい何キロ走ったことになるか。

次の特徴はアメリカ人の旅行好き。それも家族旅行。当然、夏期が多いが、サンクスギビングデーや、クリスマス時は、普段遠く離れて住んでいる肉親、親戚などの「ファミリー・レユニオン」の機会でもある。そのほかにも、メモリアルデーとかコロンバスデーといったアメリカの休日は、月曜日となっていることがほとんどなので、土曜日から三連休となって、このときにも車がどっとばかりハイウエイに繰り出す……そして連休が終わると、何万件という事故件数や何千人といった死者数が報じられる。

ところで問題は、こういった際の走行距離。ＡＡＡ（アメリカ自動車協会）の家族旅行手引きによれば、一日三百マイル（五百キロ）程度がのぞましい、とされているが、カナダとかフロリダあたりを一週間程度で行ってくるとなると、日によっては、一日五百～六百マイル（一千キロ）走らないと、ろくに見るべきものも見られなくなってしまう。ひとくちに五百～六百マイルと言うが、常時百キロ以上のスピードで走っても、十二、三時間もハンドルを握っていなくてはならないのだ。日本の連休時の行楽地めぐりの際の車の混雑とはまったく異なって、地平線の果てまで、ただただまっすぐにのびたハイウエイを何時間も何時間も、ひたすら走りに走る……距離との戦い、それが家族旅行のエッセンスなのだ。

そして第三の特徴は、物神崇拝感の欠如。と言えば大げさだが、わが日本であるならば、もの言わぬ金属とシリコンのかたまりに過ぎぬロボットにも「百恵ちゃん」などと愛称をつける、そういった感覚の延長線上にあるように思える「苦楽をともにし、慣れ親しんだわが愛車」といった感じがうすいように思えてならないのだ。要は、機械は機械とわりきって、収入の増減、住む場所や家族構成の変化などに応じてさっさと車を替える。新車、中古のこだわりもない。第一、朝、新聞をあけると、二、三頁にわたって、アメ車、輸入車を問わず、車種別、年式の古さの順に、「車売りたし」の個人広告がぎっしりと並んでいるから、いやでも値頃感も植えつけられるし、今自分のつかっている車に深いきずななど感じていられないのだ。そう言えば、人間さまの世界でも、いともあっさりと離婚したり再婚したりするアメリカのこと、まして自動車においておや、といったところか。

大きいことはいいこと、か？

　さてさて、ここまで書きすすめれば、わがフルサイズ君の活躍ぶりを改めて書きしるすこともなかろう。はじめのうちこそ家から出かける前に二、三度トイレに通ったりしていたワイフも、半年、一年もするうちにすっかり慣れて、ハイヒールばきで高速環状を七十～八十マイルでふっとばすありさま。また、連休を利用して旅に出、フルサイズ車の助手席にはワイフを、後部座席には子供たちを乗せ、長旅の退屈しのぎに子供たちがくちずさむ英語版数えうたや英語のなぞなぞなどのやりとりを聞くともなく耳にしつつ、天際《てんさい》まで一直線にのびるインターステート・ハイウェイを何時間も何時間も走り続ける……こんなときこそ、「本当におれはアメリカで生きているんだなあ」という感を深くするのだった。

　このようにして、ワイフともども、フルサイズ車に乗りまくったのだが、いいことばかりはないもので、走行距離がのびるにつれて、ひと月に一ぺんまわってくるクレジットのガソリン代に、肝を冷やすようになる。

　このわが愛するオールズモビルとも、三年間で四万マイル（六万キロ）乗ったところで、カナダ旅行の最中にモントリオールで車泥棒にあってお別れとなった。ほかに二台あった

マーキュリー・マーキス

わけだが、やはりフルサイズへの愛着絶ち難く、とられたオールズの保険金を頭金にして、今度はフォードのマーキュリー・マーキスの新車を買い（そしてまたもやオートローンの支払いに追われて）、帰国までの一年足らずの間に二万マイル（三万キロ）ほど乗った。

フルサイズ車は、GMとフォードの二台で六万マイル（十万キロ）ということになる。もちろん、それだけガソリン代も払ったってことだ。燃費を十マイル／一ガロンとして、六千ガロン（二万三千リットル）、よくもまあつかったものだ。

「大は小を兼ねるし、大きいことはいいこ

とだ。だがしかし………」

これがアメリカ生活を振り返ってみての、フルサイズ車についてのいつわらざる感想である。

第Ⅱ話　十九世紀初頭のアメリカの輝き
――ジェファーソンとモンティチェロ

ここワシントンDCの地では、春の到来を祝して、毎年、三月の最終土曜日から二週間、「全米桜祭り」が開催され、全米から何十万もの観光客が訪れる。このお祭りは、一九一二年三月末の、当時尾崎行雄が市長を務めていた東京市からワシントンへのソメイヨシノなどの桜の苗木の寄贈がなされたことを、そもそもその歴史的起源とするもの。全米各州からの「桜のプリンセスの集い」とその中からの「桜の女王の選出」や、最終日（二週間目の土曜日）のコンスティチューション通りでの「大祝賀パレード」などなど、二週間にわたって、各種の華々しい行事が次々と執り行われ、日米友好親善の、それこそ大きな礎《いしずえ》ともなっているものである。

これら日本から寄贈された桜は、東端をアメリカ議会議事堂（ザ・キャピトル）、西端をリンカーン記念堂とする、東西三キロ程の横長のナショナル・モール公園（「ザ・モール」）

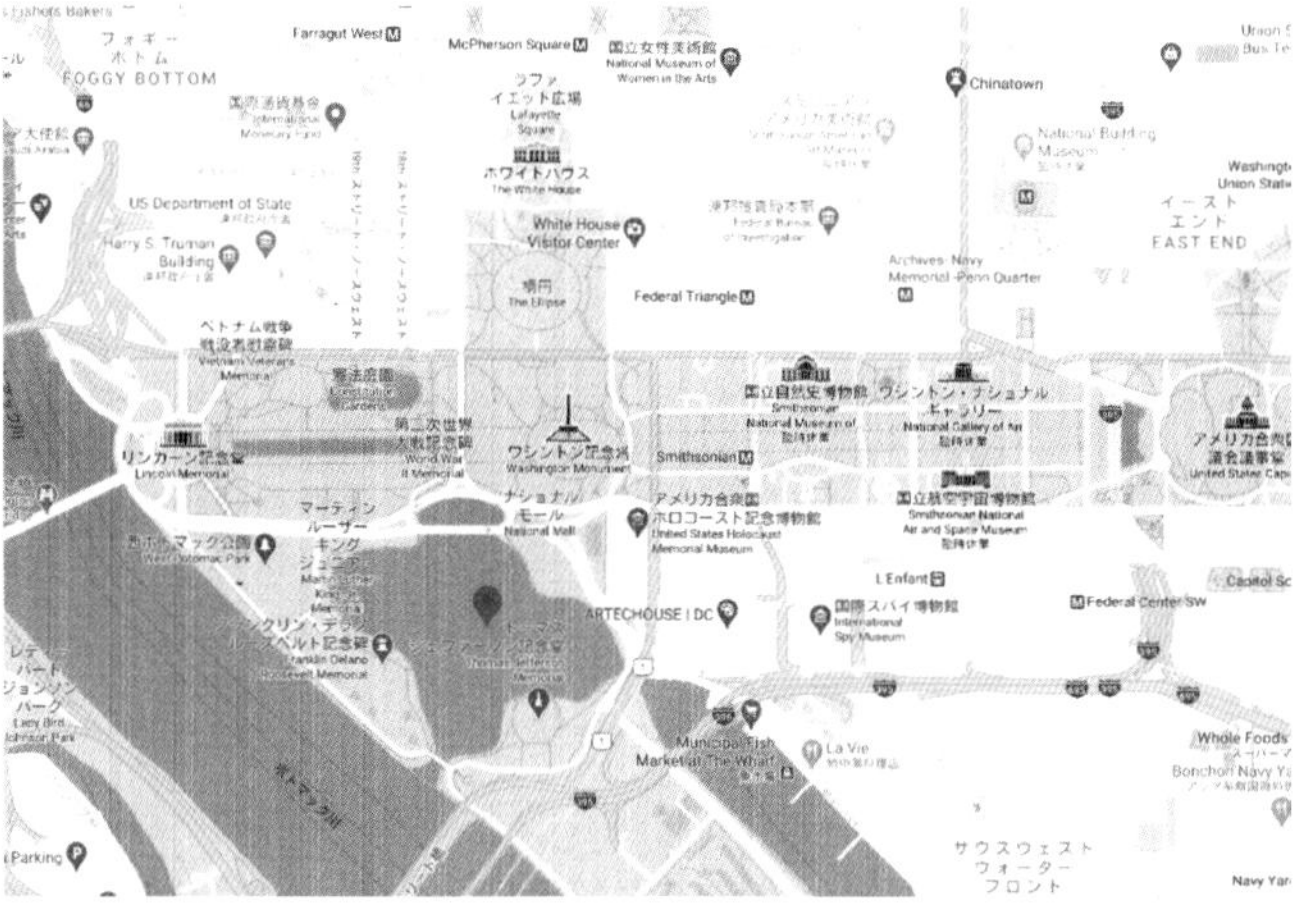

タイダルベイスン（「Google Maps:2020」より）

トーマス・ジェファーソン記念堂の所在（「Google Earth:2020」より）

の西南部あたりから、ポトマック川にも接続しているタイダルベイスンの周辺に主として植栽されていて、タイダルベイスンの水面《みなも》に映える姿など、その満開時の見事さは、本家本元のわが日本でも、まずはお目にかかれないほどのものである。ただし、さくらのもとでの一杯は、かたく御法度であるのが、日本人としてはなんともさびしいところだが。

そして、そのタイダルベイスンの南に位置し、北正面はパンテオン風で、周囲が円柱に囲まれた丸いドーム屋根の美麗な円形記念堂にあって、右手にはザ・キャピトル、正面に

タイダルベイスンとジェファーソン記念堂（「Wikipedia」より：P244参照）

記念堂内のジェファーソン立像

はワシントン・モニュメントとその先のホワイトハウス、そして左手にリンカーン記念堂をのぞみ、一人北面しつつ佇んでいる。その人こそ、アメリカ独立宣言文の主要起草者で、一八〇一年から一八〇九年にかけて第三代アメリカ合衆国大統領をつとめ、一八〇三年、フランスのナポレオンとの間で、その後のアメリカのあり方を大きく変えたルイジアナ譲渡条約締結を断行した、トーマス・ジェファーソン（一七四三／一八二六）なのである。

春の日、モンティチェロ行き

五月末のメモリアル・デー連休の一日のこと、私たちは、ヴァージニア、マクリーン在のわが家を出て、わが愛車オールズモビル・デルタ88で、淡々と広がるヴァージニアの平野を南西方面に向かって一路、ヴァージニア州のほぼ中央部に所在する小学園都市、シャーロッツビルを目指して走っていた。その目的地は、シャーロッツビル郊外のモンティチェロである。

前年夏のこと、夫婦二人子供二人お手伝いの五人連れでワシントンに赴任してきて、西も東も分からぬまま、たまたま、ワシントンDCからポトマック川を越えたヴァージニア州マクリーンに住まいすることとなり、生活の本拠が出来て、車を買い入れ電話も通じて、

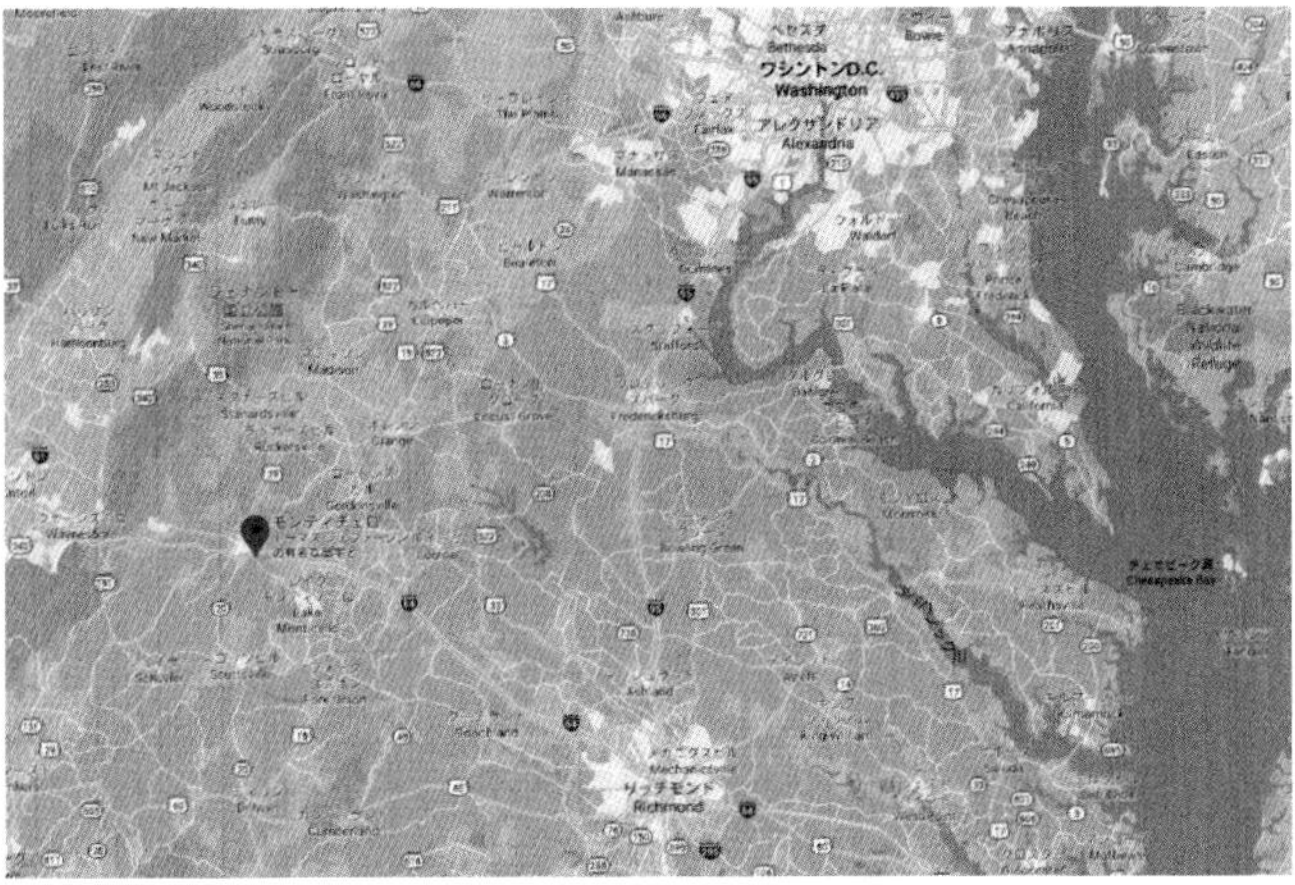

ワシントンDCからシャーロッツビル郊外のモンティチェロへ（「Google Maps:2020」より）

それなりの日常生活が回転しだしたのだった。子供達も、幸い、新住居から数分のところにヴァージニア州立の小学校《エレメンタリー》があり、丁度九月から新学年が始まるところだったので、息子は小四に、娘は小一に、それぞれ入学させて貰い、それでようやく、新天地での家族全員のこれから数年暮らしていく方向がさだまったのだった。そして、家族でマクリーンの地に住むほどに、「住めばみやこ」の感とともに、ワシントンDCとヴァージニア州との間を流れ下るポトマック川の意味合い――それが単なる一つの川というだけではなくて、アメリカの、北部と南部を画しているところのもの――が、段々と分かってくるようになった。

そんなマクリーンとDCとの自動車通勤暮らしの中にあって、ワシントン着任以来一冬を越すと、左ハンドル大型車輌右側通行もごく自然体の日常事となり、片道百マイル（一六〇キロ）程度ならば日帰り観光に丁度手頃になってきていた。

他方、子供達はというと、昨夏の来米時には、それこそ英語のエの字も知らず、学校で唖者同様であったようだが、子供は早いもの、二、三ヶ月もすると耳と口とが同調してきたとみえ、これまた一冬越すと、普通のアメリカン、というよりは、土地柄からしてヴァージニアンボーイ、ヴァージニアンガールになっていたのだった。

「モンティチェロなんて、何だか変な地名ね。何があるの」と、ワイフが訊ねる。

「イタリー語で小さな山ということらしいよ。なんでも、ジェファーソン大統領が、自分のプランテーションの中の小高い山の上に二、三十年かけて全部自分で設計して立派な家を建てたらしい」

「へー、それ、いつ頃の話しなの」

「一八〇〇年頃だから、日本でいえば江戸幕府の徳川家斉だとか有名な松平定信の寛政の改革の頃だよ」

モンティチェロの鳥瞰（「Google Earth:2020」より）

モンティチェロの正面にて

「そんな昔に自分で設計して家をたてるなんて、随分偉い人だわね。どんな家かしらね」

「なんだか地下に、冬に降った雪を利用した大貯蔵室まであるんだってさ。まあ、行ってよく見てご覧」

そんな二人の会話に、後部座席の小四の息子が、学校で教わったらしく、半分英（米？）語まじりで口を挟んできた。

「ジェファーソンは大統領になる前に、アメリカの独立宣言を書いたんだって。そして、モンティチェロだけじゃなくて、シャーロッツビルにあるヴァージニア大学も自分で作ったんだって」

そして、隣で聞き耳を立てている小一の娘に、やや得意げに、

「ほら、こちらに来たばかりの頃見物に行ったワシントン市内の池のところの建物に大きな人がいただろ。ジェファーソン大統領ってあの人だよ」


ヴァージニアに生まれ育ち、ヴァージニアのために生きたジェファーソン

トーマス・ジェファーソンは代々植民者の子として、一七四三年、ヴァージニア植民地の中央部、現在のシャーロッツビル近くのシャドウェルの生まれ。十六歳時、ウィリアムズバーグ在の名門、ウィリアム・アンド・メアリー大学に入学、二年後優等で卒業。その後、ヴァージニア植民地で弁護士として事件の相談や訴訟を扱った。そして、一七六九年、アルベマール郡選出のヴァージニア植民地議会議員となった。その頃から、自分のプラン

テーションの中の小高くなったところを、モンティチェロ（イタリー語で「小さな山」）と名付けて、そこに自分自身で企画・設計する小館の建築を開始していたのである。

アメリカ独立戦争開始直後の一七七五年六月、ジェファーソンは、第二次大陸会議のヴァージニア代議員の一人となり、大陸会議は、その三十二歳という若齢にも拘わらず、ジェファーソンに、諸種の重要文書の起草を委任していた。そして、翌一七七六年六月、大陸会議は、リチャード・ヘンリー・リー（一七三二／九四）の独立決議案の審議を開始。これとともに、独立決議案に伴う独立宣言を準備するための独立宣言起草五人委員会を設け、ジェファーソンは、その一員に指名された。ついでジョン・アダムズ（一七三五／一八二六）、ベンジャミン・フランクリン（一七〇六／一七九〇）などを含むこの五人委員会は、当時名文家として名高かったジェファーソンをして、独立宣言案の初稿執筆者に選任したのだった。

ジェファーソンは、諸種の歴史文献などをも参酌しつつ、自身の草案を書き上げ、五人委員会にて内容検討了承の上、同案は、一七七六年六月二十八日、起草委員会案として大陸会議に提出された。大陸会議にあっては、同七月二日、独立決議案の可決の後、独立宣

大陸会議への五人委員会の独立宣言案の提出
五人の中の背の高いのがジェファーソン（ジョン・トランブル画：1795年）
（「Wikipedia」より：P244参照）

言案文の審議に入り、二、三日の検討討議の結果、若干の案文修正削除の上、同七月四日、ここに大陸会議においてアメリカ独立宣言が採択され、一七七六年七月四日が、アメリカ合衆国の独立の日となったのである。

その後、ジェファーソンは、一七七九年から一七八一年の間、ヴァージニア州知事を務め、一七八〇年に行われた、ヴァージニア州首都を、ウイリアムズバーグから、ヴァージニア州の中心部に近い、リッチモンドに移す、首都移転事業を取り仕切っている。

また、一七八五年から八九年迄の四年の間、フランス派遣全権公使に選任されてパリに駐在し、フランス文化の中にその身をおくとともに、フランス革命勃発直前のフランス社会をつぶさに観察したりもしたのだった。

フランスから帰国後の一七九〇年から九三年の間、初代大統領ジョージ・ワシントンのもとで初代国務長官を務めた。一七九三年、一時公職を離れてモンティチェロに帰っていたが、一七九六年には再び政治活動に戻り、同年の大統領選挙あって、マサチューセッツ州出身のジョン・アダムスと争ったが、二位となって、アダムス大統領の下で、副大統領を務めた。

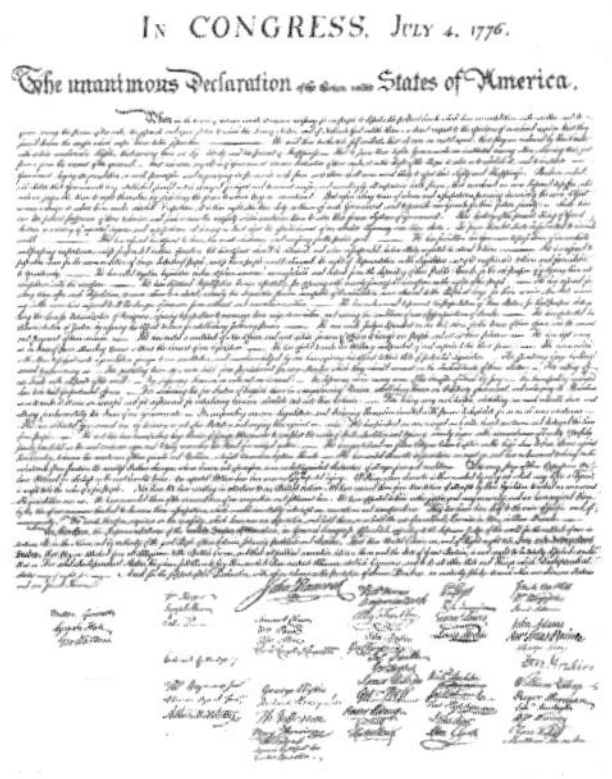

アメリカ独立宣言（国立公文書館在：56名による署名入り）（「Wikipedia」より：P244参照）

一八〇〇年の大統領選挙にあっては、選挙制度上の問題を孕みつつも、最終的にジェファーソンが大統領に選出され、一八〇一年から、一八〇九年までの二期、大統領職を務めた。この間の最大事としては、一八〇三年、ミシシッピ川以西のフランス領二一〇万平方キロ（日本の国土面積の五・五倍相当）を、一五〇〇万ドルの対価で購入した、いわゆる「ルイジアナ買収」が挙げられよう。

一八〇九年の大統領退任後、フランス滞在中の見聞をもととして更なる改良をほどこし一八〇九年にようやく完成をみたモンティチェロ邸宅に住まいして、特にヴァージニアにあってその遅れが目立っていた高等教育の組織作りに強い関心を抱き、そのために種々の活動をおこなった。かくして、一八一九年、モンティチェロ直近のシャーロッツビルにあって、ヴァージニア大学——全米でも屈指の名門大学とみなされ、ウィルソン大統領やジョン・F・ケネディの弟、ロバートとエドワードなどがその卒業生となっている——の創立に立ち至ったのだった。このヴァージニア大学の主要な建築物は、ジェファーソン自らがその設計に当たったのだが、大学都市とでも言うべきシャーロッツビルにあって、ヴァージニア大学のキャンパスの美麗さは、全米一として有名であり、一九八七年、モンティチェロとあわせて『シャーロッツビルのモンティチェロとヴァージニア大学』として世界遺産に登録された。

ジェファーソンは、まったく奇しくも、大陸会議におけるアメリカ独立宣言採択から丁度五十年後の一八二六年七月四日、亡妻の遺髪を入れた金のロケットを胸にして、八十三歳にて死去し、モンティチェロに葬られた。偶然事は重なって、ジェファーソンが副大統領として仕え、晩年文通を重ねていた九十歳の第二代大統領ジョン・アダムズも、同じ日の数時間後に、マサチューセッツ州にて、ジェファーソンに思いを馳せつつ、死去した。

当時の第六代大統領、ジョン・アダムズの息のジョン・クインスィー・アダムズは、この偶然の重なりを、「神の恩寵の顕現」としたのだった。

ジェファーソンの墓石（「Wikipedia」より：P244 参照）

第Ⅲ話　悲劇と栄光の憩いの場——アーリントン国立墓地

たった今交代したばかりで、これから次の交代まで警固《けいご》の任を務めるアメリカ陸軍正式軍装の衛兵は、まるで機械仕掛けの人形のように、着剣したままの銃を左の肩に、最高の敬意をあらわす二十一秒間の立哨、二十一歩の前進歩行を繰り返す。歩行線上の端でいったん立ち止まり、そこでこれまた絵に描いたような気をつけの姿勢をとるたびに、厚い軍《ぐん》靴《か》の踵《かかと》と踵とが、パシッと音をたてて鳴り、いかにも気合いの入った衛兵ぶりをうかがわせる。

広いアーリントン国立墓地《ナショナルセメトリー》のちょうど真ん中ほどに位置しているここ「無名戦士の墓」では、毎正時に行われる厳粛な衛兵交代のセレモニーがたった今終わったばかりのところ。私たちと同様に、きっとこの儀式がお目当てだったに違いない百人ほどの観衆も、なにかほっと解放されたような気分を味わいつつ、思い思いの方向に散り始めたところだった。

「で、『無名戦士の墓』って英語で何て言うの？」とのワイフの問いに、「The Tomb of the Unknown Soldier って言うんだってさ」と、学《がく》のあるところを示しながら、五十トンもあろうかという簡素な四角い白亜の天理石の墓に近寄って、そのギリシャ的でシンプルな美しさに改めて見入ったのだった。大理石のその表面には、碑銘が、Here Rests in Honored Glory an American Soldier Known but to God と、五行に分けて刻まれていた。

なるほど、これが、第一次世界大戦、第二次世界大戦、それに朝鮮戦争などに従軍し、戦いに斃《たお》れたアメリカの『無名戦士の墓』なのか。そうだとすれば、われわれとも決して無縁のものではなく、太平洋戦争で日本軍を相手に斃れていった兵士たちも数多かろう……などと、思いは段々なまなましくなっていこうとしているところに、私の横でしげしげと碑銘を眺めていたワイフから、いきなり質問がとんできた。

「これ、本当に無名戦士の墓なの？　別のお墓じゃない？」

無名戦士の墓

こういうのを藪から棒とでも言うのだろうか、まったくの思いがけない質問に、半分呆気にとられて「え、どうして？」と聞き返す。

「だって、さっき無名戦士の墓は、The Tomb of the Unknown Soldier だって言っていたけれど、unknown なんてどこにも書いていないじゃない？」

なるほど、known はあるけれど unknown がないとすれば、ここは、known soldier の墓であっても unknown soldier の墓ではない……という推論も、それなりの理屈があるわけで頭ごなしにおかしいと決めつけるのもいかがなものか。

そこで、ヒアリングとスピーキングは別としても、中学、高校と習い覚えて多少の自信なきにしもあらずの例の「受験英語」的知識を動員して、

「ここに書いてある英語はつまりだね、but はこの場合、通常の接続詞ではなくて、only という意味の副詞で to God を修飾しており、したがって known but to God は、『神のみに知られたる』ということで、そこで文全体の意味として……」

と説明を始めると、

「詳しいことは家に帰ってから聞くわ。要するにこれがあの『無名戦士の墓』かどうかってことさえ分かればいいの」

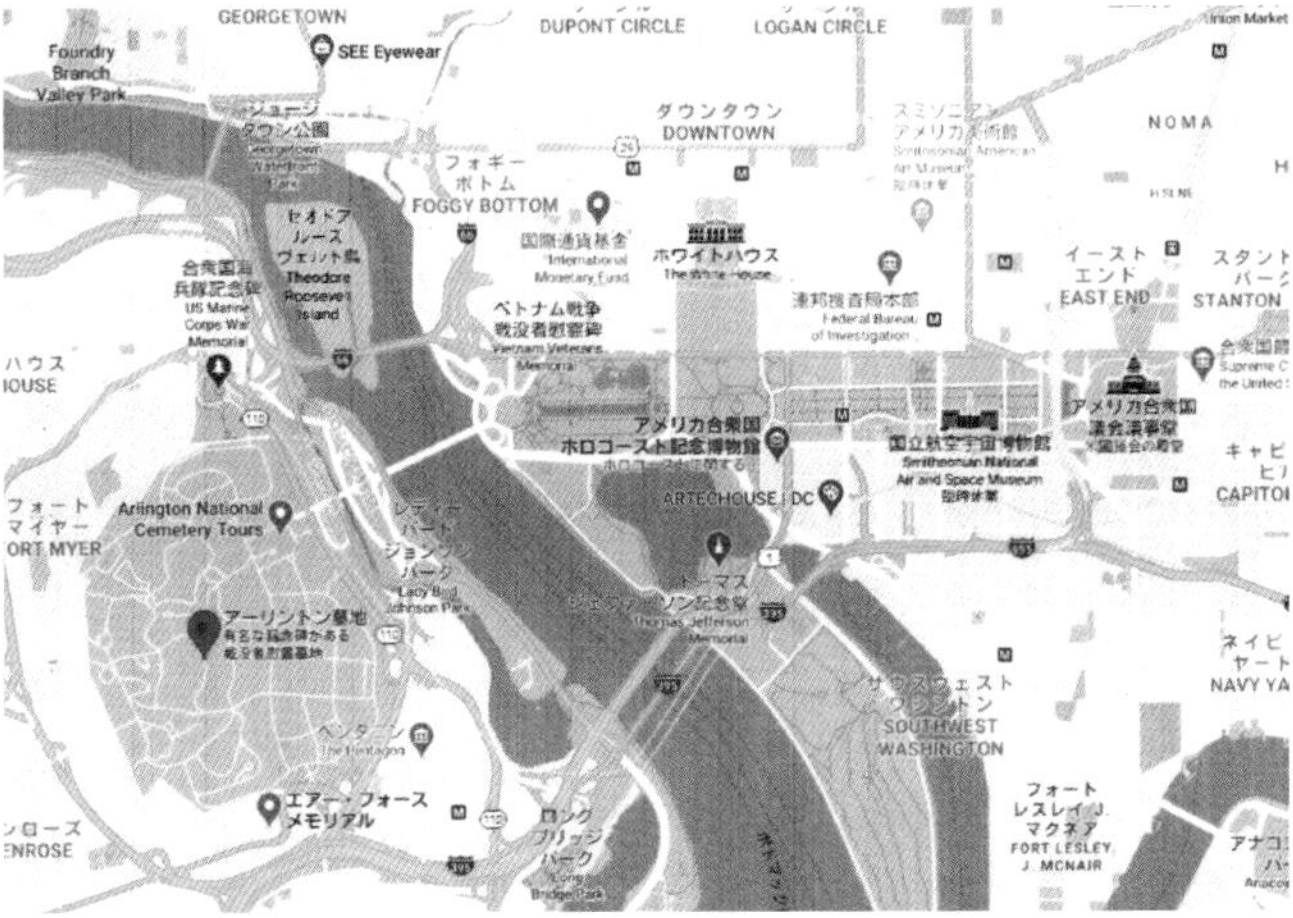

ポトマック川縁のアーリントン国立墓地（「Google Maps:2020」より）

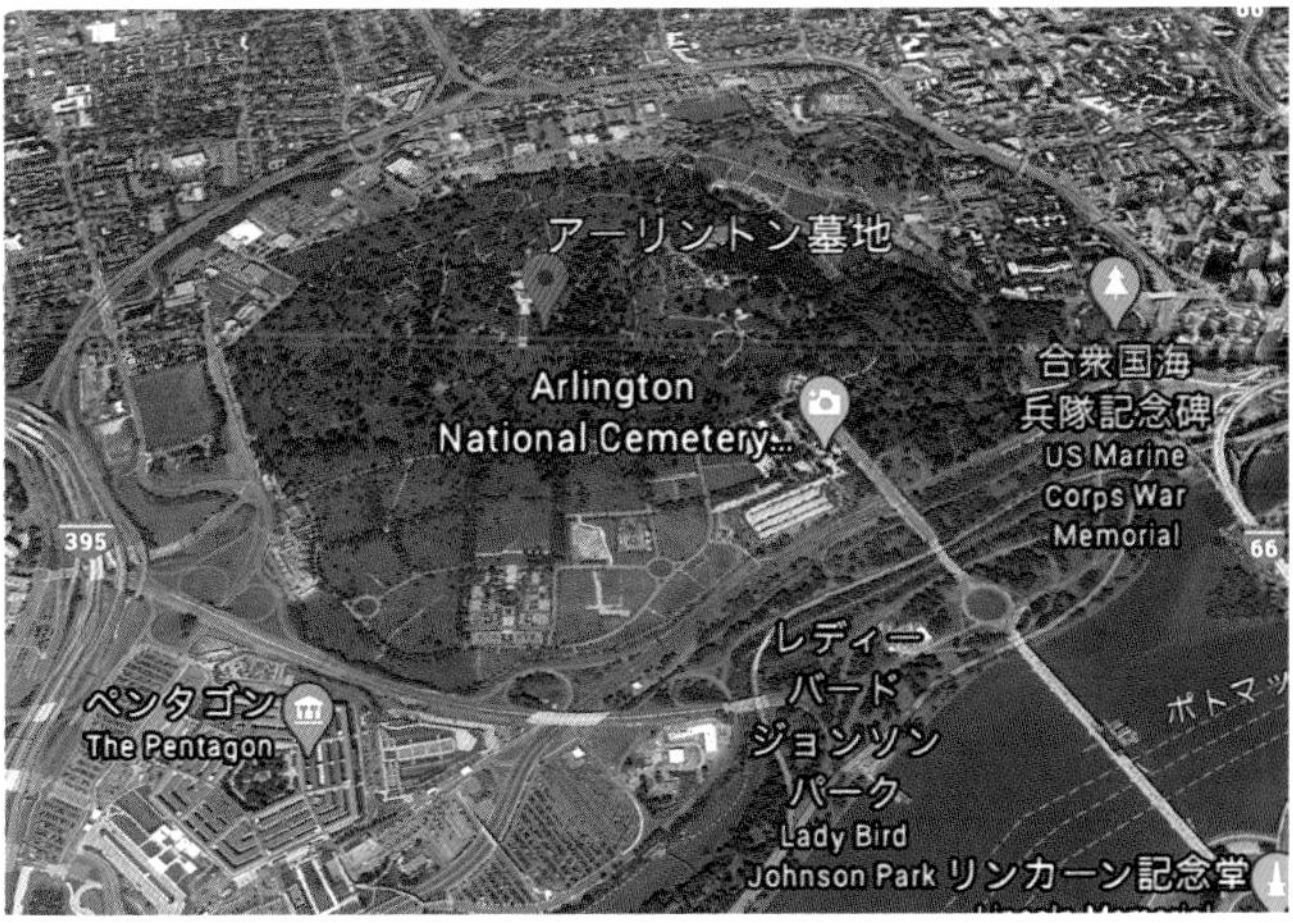

アーリントン墓地とその一帯（「Google Earth:2020」より）

と、せっかくの大事な論理過程は中間省略で、結論のみをいそぐという、いつもながらのパターンとなるのだった。

春ともなれば色とりどりの花咲きみだれる二百ヘクタールほど……東京の日比谷公園の十数倍の広さ……のアーリントン・ナショナルセメトリーは、その名のとおり、アメリカ陸軍省の管轄下にある「墓地」であるとともに、ワシントン内外でも有数の観光の地でもある。テキサス州ダラスで凶弾に斃れたジョン・F・ケネディの永遠の灯ともるケネディ・グレーブサイトはあまりにも有名であるが、ワシントンDCとヴァージニア州を画するポトマック川の、ヴァージニア側にあるこの墓地の生い立ちを訪ね行くと、そこにもまぎれもなくアメリカの歴史そのものがあるのだ。

リー将軍と南北戦争をしのぶ

なだらかな丘をまじえてポトマック川西岸に広がるこの地一帯五百ヘクタールほどは、かつて、アメリカ建国の父、ジョージ・ワシントン（一七三二／一七九九）の夫人マーサの連れ子の息子でのちにワシントンの養子となったパーク・カスティス（一七八一／一八五七）（のちに、ジョージ・ワシントン・パーク・カスティスと名乗った）が、マーサの前夫などから相続取得したプランテーションで、カスティスは、ポトマック川を越えてワシントン市を一望のもとに眺める小高い丘に家を建てた。このカスティスのひとり娘マリーアンと結婚したのが、ほかならぬヴァージニアの名家、リー一族のロバート・E・リー（一八〇七／一八七〇）である。

リーは、結婚後、軍務によりワシントンを離れる機会が多かったとはいえ、家族ともども、overlook（見晴るかす）という語はまさにここのためにあるのではないかと思われるばかり眺望絶佳の、現在ではカスティス・リー・マンションとも、アーリントン・ハウスとも呼ばれているこの家に、三十年ほどの月日を、まずは平和裏に過ごしたのだった。

だが、一八六一年、例年よりもその訪れの早かったうるわしの春四月は、すべてを変えた。

北部連邦（Union）と南部連合（Confederacy）との最初の軍事的衝突は、一八六一年四月十二日、南部連合軍によるサウス・カロライナ州チャールストン港外所在の北部連邦サムター堡塁《ほうるい》の攻略であった。同四月十七日に至って、大州ヴァージニアが北部連邦から脱退して南部連合へ加盟するに至り、北部、南部のそれぞれが、ともに動員体制を強化して、両者の本格的な軍事的対決も、不可避、かつ間近となるに至った。

同時に、アメリカ合衆国陸軍の南部諸州出身の指揮官、将校は、自分が軍人となった際に、その忠誠を誓った合衆国の陸軍にそのままとどまるか、あるいは出身州のために戦うべく南部連合軍に身を投ずるか、の二者択一をせまられることとなる。リーと同じヴァージニア出身で、当時合衆国陸軍総指令官であったウインフィールド・スコット（一七八六／一八六六）は、北部連邦側にそのままとどまるのだが、スコットは、自身、老齢病弱のことでもあり、そのもっとも信頼するリーに、北軍の指揮をゆだねたい、としたのだった。

この申し入れを受けたリーは、苦しい熟慮を重ねたが、やはり、自分自身とわが一族を生み育てたヴァージニアの大義に殉ずる途《みち》を選び、四月二十日、合衆国陸軍に辞表を提出して、アーリントン・ハウスをあとにした。こののち、戦中戦後を通じ、リーは、生涯この地に戻ることはなかった。

南北戦争の期間中、このプランテーションの地一帯は、北軍の接収するところとなり、首都ワシントン防衛のためのとりでや軍事病院が置かれたが、さらに一八六四年に至って、アーリントン・ハウスとその周辺の百ヘクタールほどが軍事基地として指定され、以後諸種の経緯を経て拡張されるなどして現在に至っている。

他方、アーリントン・ハウスの主人公リー将軍は、南部連合の支柱として、兵力、装備ともに劣勢な南軍をひきいながらも、その軍事的才能を発揮しつつ、丸四年の歳月をよく戦い、最後に刀折れ矢尽き果てて、一八六五年四月九日、アポマトックス・コートハウスで、北軍総司令官グラント将軍に降伏する（「第Ⅸ話　南部の栄光の終焉」参照）。今や住むに家なく特赦捕虜の身とはなったリー将軍は、同年、ヴァージニア州レキシントン在のワシントン大学（現在、ワシントン・リー大学）の学長にむかえられて同七〇年に死去するまでの五年間、学生に、南北の和解と統合の必要性を説いてやまなかったという。

思えば一八六一年四月、北軍の指揮要請をリーが受け入れていたならば……そうすればリー個人の運命が大きく違っていただけではなく、南北戦争も、もっともっと早くに終わっていたに違いない。もちろん、南部にとってそれだけ、戦争の惨禍も小さかったであろう。だが、半面、誇り高き南部にとって、敗北のみじめさは、なおさらに大きく耐え難かったのではなかったか。実際、リーは、南北戦争の間、南部の輝きの「星」であったし、また、戦いに敗れたのちも、そしておそらく現在に至るも、南部の誇りであり続けているのだから。

墓地でピクニック気分

ポトマック川にかかる橋の中で一番に美しいアーリントン・メモリアル・ブリッジを渡った正面のアーリントン国立墓地入口門わきの駐車場に車を置き、そこから十五分間隔で運行されているターンモービルに乗って、わが一家は、春たけなわの休日を、アーリントン墓地で過ごそうと出かけて来たのだった。もちろん、家を出発するまでは、いかに「国立《ナショナル》」とはいえ、「わざわざ一日をつぶして気味の悪い墓地見物《セメトリー》に行くことはない」というのがわが家の女房子供の意見であったが、「墓地」は「墓地」でも日本の墓地とは違う旨（とは言っても、「どこが違うの」、と反論されれば返事に窮するが）を力説し、それに、「ほら、あのケネディの立派なお墓ぐらいは、話の種に一度は見ておかなきゃ」と強論して、やっと出かけてきたのだった。

子供連れも目立つアメおのぼりさんたちとターンモービルにともに乗って、折しも春たけなわのころだけに、緑の中に白い墓石の行列と随所にとりどりの花咲く中を行くのは、「手入れのいきとどいた公園」といった感じこそすれ、そこは「気味の悪さ」とは無縁の世界だった。

ターンモービルの最初のストップは、アメおのぼりさんたちお目当てのケネディ・グ

ケネディ大統領の墓地（「Google Earth:2020」より）

レーブサイト。下の道路から花崗岩《かこうがん》できた見事な歩道が墓に至るが、歩道の低い側壁面には、ケネディ演説のさわりが刻まれており、そしてマサチューセッツ州ケープコッドから運んできた石を敷きつめた永遠の灯のともる墓。場所といい、規模といい、構図といい、アーリントン国立墓地広しといえども、一あって二、三はおろかほかにまったく類を見ず。ワイフの言を借りるならば、「ケネディ家って何さまか知らないけれど、これ、まるで王さまのお墓ね」といったことになり、続いて女心のしからしめるところか「それにしては未亡人のジャクリーヌ・ケネディが随分年上のギリシャの大金持ちと結婚するなんて、アメリカっ

無名戦士の墓とその一帯（「Google Earth:2020」より）

てほんとにわかんない国ね」。

アーリントン墓地の第二（二番めということではない）の見どころ「無名戦士の墓」のくだりは、冒頭に述べた。「無名戦士の墓」を済ませて、次はアーリントン・ハウスに向かうべくターンモービルをつかまえると、車はまたしても緑と花と墓石の行列の中の道路を、右に左に進むのだった。

このころになると、ワイフや子供たちも、「雨夜の幽霊」ならぬ「公園でのピクニック」的雰囲気にすっかりなじんでしまって、「ここにはどんな人のお墓があるの？　ケネディはどんな資格でお墓をつくったのかしら？」とか、「アーリントン墓地全体でどれくらいの人が祀《まつ》られているのかしらね、靖国神社とどちらが多いかしら？」とか、もう少し次元が低く「いろんなお墓があるけれど、やはり大きいお墓の人ほどえらいのかしら？」とか、次々と難問、愚問を発するのであった。

夕暮れとともに宿命論

ワシントン市内からは、丘の項に小さく見えるアーリントン・ハウスも、実際に来てみると堂々とした邸で、特にきわだっているのは、六本の、ギリシャはドーリア風の柱に支えられた東向きのポーチ。ここに立つと、やや下方の丘の中腹にケネディの墓とその灯が見え、その先は一直線にアーリントン・メモリアル・ブリッジが、ポトマック川を越えて、これもドーリア風の大理石の柱に囲まれたリンカーン・メモリアルへとつながる。さらにその先には、ホワイトハウスや国会議事堂《キャピトル》をはじめとするワシントンのまちが西日をうけて鮮やかに広がっている……。

日もだいぶ西に傾き、パーキングエリアに戻って再び自分の車でアーリントン墓地を出て帰途につく。リンカーン大統領とリー将軍とが、ともに訴えてやまなかった南北の和解

アーリントン・メモリアル・ブリッジを渡って（「Google Earth:2020」より）

と統合の象徴、アーリントン・ハウスとリンカーン・メモリアルとを結ぶアーリントン・メモリアル・ブリッジを、来たときとは逆に、ヴァージニア側から渡ってワシントン市内に抜ける。夕やけの空に丘の頂で次第に小さくなっていくアーリントン・ハウスを振り返り見ながらワイフが言った。

「あんな素晴らしい眺めのところってないけれど、カスティス・リー・マンションとかいうあんな立派な邸宅《マンション》を見ると、日本のマンションなんて本当に恥ずかしいわね。だけど、マサチューセッツで生まれ育ったケネディが大統領のときに撃たれ、死んで自分が生前好きだったあの場所のお墓に入っているかと思うと、敗《ま》けた戦争に生き残ったけれど、三十年も住んだあそこの自分の家に、二度と戻ってこなかったリー将軍のような人もいるし、みなそれぞれの定めかしらね」

一般的には散文的なアメリカ的舞台装置ではあっても、時と場所のよろしきを得れば、結構、人を宿命論者にしたりもするものだ。

第Ⅳ話　苦しみをこえ喜びをこえるブロンズの女人像
――ロッククリーク・セメトリー

首府ワシントン内外には、見るべき価値のあるものが多すぎる。

だから、一般に「悲愁（Grief）」と呼ばれていると聞くこのブロンズの女人像が、たとえさる人の言《げん》のごとく「新大陸において人間の手でかたちづくられたもっとも美しいもの」であるにしても、またほかの大統領と異なってワシントンDCをこよなく愛したトルーマン大統領が、この像とリンカーン記念堂《メモリアル》のリンカーン座像とがワシントンの数ある彫刻のうちで見る価値のあるただ二つのものであると論評していると聞いたからといって、これひとつを見るために、わざわざここロッククリーク・セメトリーまで足を運ぶ人は、数少なかろう。

だいたい、この墓地《セメトリー》の場所柄そのものにしてからが、まことによろしくないのだ。

一般的に言えば、ワシントンDCの東ほどそして北ほど、状況がよろしくない。ワシン

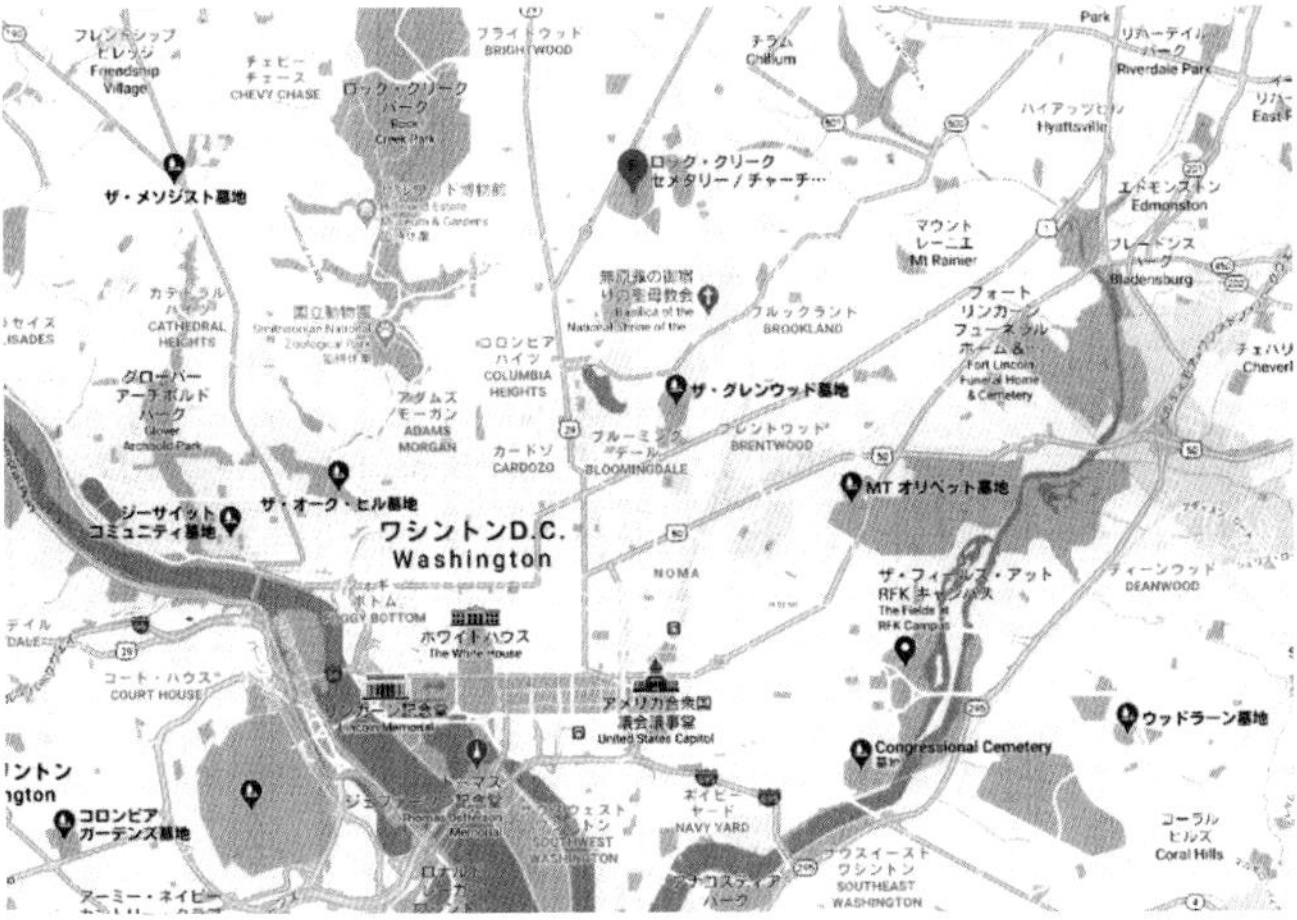

ロッククリーク・セメトリーの所在（「Google Maps:2020」より）

トンは、いかにもデモクラシーのお国柄らしく、国会議事堂《キャピトル》を起点として、市内は、NE《ノースイースト》（東北）、SE（東南）、NW（西北）、SW（西南）の四つの区に分かれ、また道路も、縦（南北）には数字が、横（東西）にはアルファベットがそれぞれふってあるのだが、大ざっぱに見て、NW区の16番ストリートから東側、Mストリートから北側は、格別用がないかぎりなるべく行くな、といういいましめもよく聞くところだ。

ロッククリーク・セメトリーが付属しているセントポール・エピスコパル教会《チャーチ》は、ワシントンで最古のもので、その創立は、独立戦争開始の前年、一七七五年にさかのぼる。ワシントン市の生い立ちの中にあって、かつてこの教会の周囲一帯も、さぞかしきれいな住宅街であったのだろう。だが、ただ今現在、ワシントンの地図を広げてこのセメトリーの位置を探し、それがNE区とNW区との境の、それも相当に北寄りであることを見い出すと、何もそこまで行かなくたって、と二の足を踏みたくなるのが人情というものだろう。

にもかかわらず、時期はずれにうすら寒い四月のある日曜日に、ここを訪れてみようかという気になったのは、ひとつにはみなあまり行かないだろうから話の種に無理をしてでも行ってやれ、といったへそまがり的精神があったことは否定し得ない。だが、やはりそれだけではなくて、さる小さいながらも優れたワシントン案内書を手にし、この女人座像の紹介記と写真数葉を見るに及んで、改めて心の動くところがあったからである。

女人像もうでは一大決心

朝、ヴァージニアの家を出て地図を見ながら目的地へ向かって車を走らせる。ワシントン市内を、より東へ、より北へ、である。ワシントンでのわれわれの普段の行動範囲から離れると、東に一ブロック行くごとに、北へ一ブロックあがるごとに、周囲の状況が悪化していく。同じワシントンであっても、こういったところは、よほどの用事でもないかぎり、まずは絶対にと言ってもよいぐらい来ないところ。行く道々の周辺、かつては美しい家並みであったであろうに、今は、レンガは黒ずみ、窓は割れ、ペンキははがれ、ドアはさびつき、往時をしのぶよすがは何も残されていない。かしいだ木造の家が立ち並ぶ日本的スラムとは一味《ひとあじ》も二味《ふたあじ》も違った、どうしようもないやりきれなさを感じさせる。道路は、紙くずごみくずが散乱し、そしてそこはさすがにアメリカだけのことはあって、うす汚れ、あちこち痛んだおんぼろ自動車がびっちり歩道沿いに駐車している。駐車禁止標識など、あってもなくても同じことだ（立てればすぐ抜かれてしまうだけだ）。

日曜日の朝で幸い交通量が少ないからまだよいのだが、こんなところで自動車事故でも起こしたらそれこそ大変。保険金を取れないくらいならまだしも、どういったことになるやらあぶない話ではある。わざとぶつけられるなどといったことだって起こりかねないのだ。

そういったわけで、いやがうえにも慎重に車を走らせて、やっとの思いでセメトリーにたどりついた。

古くからのセメトリーだけあって、大小、かたちも様々な墓が、それこそ見渡すかぎり並んでいる。日本の墓地とは違って、まさか雨夜に幽霊が出てくる、といった気分がするわけではないが、それにしてもこれだけの墓石《はかいし》の大群を見ると、それなりに感慨がわいてこようというものだ。それに、人影もさっぱりない。道があちこちに分かれているうえに、起伏も結構あるので、ずっと眺め渡して、ああ、あそこがお目当ての女人像の場所だななどと、見当をつけるわけにはいかない。

さてさて、そこでわれいかにせん、ということになるのだが、同行のワイフがいつものごとくプツブツと文句を言い出す。

「だいたい、ワシントンの案内書に出ているくらいなら、ここの教会だって、もう少し親切に、道順の標識ぐらい出しておいてくれてもいいのに」

これこそ、自分の都合を座標軸の中心において世の中を律していくいつもながらの「天動説」的発言ではある。ここの教会だって、別に一般の人に見に来てくれと頼んでいるわけでもなんでもなく、こちらがタダで見せていただきに参上しているのだ。ちょっと有名な寺院や神仏像を拝観するとなると、押すな押すなの人ごみで入場料だの拝観料だのガッチリ取られるコマーシャリズムのはびこっているどこかの国に比べれば、こういった静寂とそっけなさこそ有難いことだと思うべきではないか。

そうはいっても差しあたって、せっかくここまで一大決心をして出かけてきて、いかに西

セントポール・エピスコパル教会（「Google Earth:2020」より）

洋のものとはいえ、普通のお墓だけ見て帰るのでは、何しに来たのか分からなくなる。やむを得ずキューポラのある教会の建物に行ってみたが、日曜のサービスも終わったあとなのか、これまたひとっ子ひとりいない。さてさてそれではどうしたものか、まさかこの広い墓地の中をぐるぐる歩き回るわけにもいかないし、と思案にくれていると、ちょうど向こうの方から黒い衣装のなんとなく墓守《はかもり》といった感じのする人がやってきた。これ幸いと、早速近寄って聞いてみると、こちらこちらとばかりすたすた先に立って歩いていく。西洋の墓石が群立する中、細い道を右に折れ左に曲がり、あとをついて歩くことしばしとなると、だんだ

セメトリーの中のアダムズ・メモリアル（「Google Earth:2020」より）

んなんとなく大丈夫かなといった気がしてきたが、そんなときには決まって黙っておれないワイフがまた発言を求めるのだった。

「本当に大丈夫？　変なとこに連れていかれるのじゃない？　あの人あなたの英語が本当に通じたのかしら？　もう一度ちゃんと聞いてみたら？」

私自身も不安を感じ、また私の英語が通じたかどうか百パーセント自信があるわけではないのだが、こうあけすけに言われるとかえって依怙地になって、もう一度聞き直してみる気がなくなるというものだ。

そうこうしているうちにまたまた黙ってついて歩く数分が過ぎ、背に腹はかえられず、意地を張らずに先導の黒衣装氏にもう一度尋ね直そうかと思った折、立ち止まった彼氏は「ここですよ、ではごゆっくり……Now, here we are. Have a good time.」と言い残して、そのまますたすた立ち去っていった。

マーク・トウェインの「悲愁」

なるほどこれでは、ちょっとやそっと探してみたって簡単には分かりそうにない。

そこには、ごく目立たぬオープン・スペースがあった。針葉樹の木々に取り囲まれたオープン・スペースの一端に、ブロンズの女人像は大理石を背にしてひとりひっそりと座っていた。

ベールをまとい、右手を口もとに当てた女人像は、作者アウグストゥス・サン＝ゴーダン（一八四八／一九〇七）自身が述べたように、「苦しみをこえ喜びをこえ」て、永遠に謎めいた《エニグマティック》表情のまま、一八九一年の制作時以降の晴雨寒暖の星霜を、この小さな別天地で過ごしてきたのか。こころなき身にもそれとなく伝わってくる「苦しみをこえ喜びをこえ」た神の平安の境地の具象化こそ、アメリカの生んだ最高の彫刻家として名高い原作者の意図したところのものであったのか。

大理石を背にした悲愁像

ところが、このブロンズの女人像は、いつの間にか一般に「悲愁」……Grief……として知られるようになった。それは、トム・ソーヤーやハックルベリー・フィンでおなじみのサミュエル・ラングホーン・クレメンズ（マーク・トウェイン）の、「この像は、人間のすべての悲しみを体現している」との感想に由来していることである。

マーク・トウェインのこういった感想も、決してゆえなしとしない。というのは、そもそもこの像は、第六代大統領ジョン・クィンシー・アダムズの孫（したがって第二代大統領ジョン・アダムズの曽孫）であり、彼自身も高名な知識人でかつ歴史学者のヘンリー・アダムズが、明るく元気だったのになぜか突然自殺した妻マリアンのために、サン＝ゴーダンに制作依頼したもので、自らをあやめたために昇天の祝福を受け得ないわが妻に対するアダムズの深いあわれみの情が込められているという気がするのだ。

そういった目で見ると、原作者自身の命名した「神の平安」よりも、マーク・トウェインの感想に由来する「悲愁」の方が、より適切な気がしてくる…………。

彼女は今、自らの命を絶ったがゆえにこんなブロンズの像となって、ロッククリーク・セメトリーの人目につかぬ一隅に、一八九一年のその制作時以来百年もの春夏秋冬を、こうやってひとり静かに過ごしている……そうした姿をじっと眺めていると、言うに言われぬ静謐《せいひつ》な悲しみの中で、一切の時の流れがそのまま止まってしまうのであった。

いつまでもいたいような、それでいていたたまれないような複雑な気持ちにかられつつ、この静かで悲しき平安のただよう一隅を去り、セメトリーを抜けて再び俗界に戻った。そこにはまたしても、黒人街特有のたたずまいが広がっていた。

苦しみをこえ喜びをこえて幾星霜

帰りの道すがら、女人のエニグマティックな表情が脳裏から離れぬまま、黒ずんだレンガ、壊れた窓、もとの色をとどめないはげたペンキ、道路にちらばるごみくず、そし

緑の多いマクリーンの住宅地（「Google Earth:2020」より）

て、それらがかもし出す一種異様な雰囲気から、来たときとは逆に次第に別れつつ、車を走らせた。

車がワシントンを抜けポトマック川を越えてヴァージニアのマクリーンに入ると、そこはまったくの別天地。鬱蒼《うっそう》たる林や、彩り鮮やかな家と一様に手入れのいきとどいた芝生の庭とが道路に面して連なっている典型的な「郊外住宅地域」が広がっている。

ここまで戻ってくると、黒人街を走っていたときの緊張感はすっかりとけて、ほっとした安堵《あんど》感が込みあげてくるのだが、他方、ごく短い時間の中で、このような黒人街と郊外住宅地域とのあまりにも極端すぎる対比を味わうと、それはそれでまたなんともやりきれない感がしてくるのだった。

見るべきものが多すぎる

最後に、あえて蛇足を付け加えるならば、自分自身の受けた感動にもかかわらず、私としては時間のかぎられたワシントン来訪者の方々には、ここを訪れることを必ずしもおすすめする気にはなれない。

なにしろ、例えば「屋外彫像」の類だけをひとつとってみても、ワシントン中のあちこちでその数百三十余にもなるのだ。なかんずくホワイトハウスの近辺には三十近くもかたまっている。さる同僚のひとりが、さるとき旅行者を車に乗せてワシントン市内を案内中のときのこと。よくある図だが、その旅行者氏がふと目にとまったこういった彫像のひとつを指して「あれはだれの像なの？」と聞いたんだそうな。もちろんその同僚氏は知る由もなく、「さあだれですかね……」と言いよどんでいたら「ワシントンに何年もいてそんなことも知らないのか」といった顔をされ、それからなにくそとばかり一念発起して、どこにあるのがだれの像か覚えようとしたのであるが、その気になって調べてみると、なにしろあんまり多すぎるし、それに日本人のわれわれとしては聞いたこともないような人がほとんどで、すぐばかばかしくなってやめてしまった由。ちなみにその調査の際の副産物が、先ほど出てきた数字である。アメリカ人はだれでもかれでも彫像にしてしまうのがよほどお好きな人種と見える。

なにしろ、首府ワシントン内外には、見るべき価値のあるものが多すぎる。

第V話　ある金持ち氏の別荘にて
――ロングアイランド島イーストハンプトン

ニューヨークはマンハッタン島に住むR氏と知り合うようになったのは、私がまだ、世間知らずの二十才代の終わり頃のこと。ふとした機会に、夫妻で世界一周旅行の途次の彼らと、東京でたまたま知り合ったのだが、当時はそれほどの金持ちとはつゆ思ってもいなかったので、知らぬがほとけ（Ignorance is bliss!）、夫妻ともども、陋屋なれどもわが家に招いて、日本家屋の違い棚・本床間の和室八畳で、すきやきなどでオモテナシをしたのだった。その結果、思いがけずも早速に、当時高級で名高い椿山荘での食事付き園遊に、こちらも夫妻ともどもでお招き頂き、ワイフも喜びつつも面食らってしまったこともあった。いずれにしてもそんなこんなで、お互い気心が通じたとでもいうのか、すっかりfirst-name basisの（しかも互いに女性名が先に来る）、family friendになって、クリスマスカードやら折々の近況報告の交換などをしていたのだった。

椿山荘庭園の園遊散策

ワシントンに移り住むようになり、アメリカの事情を聞き知り、また私が直接R氏宅を訪れる機会を得たりして、R氏が相当な金持ちであることがだんだんにわかってきた。

どうわかってきたかというと、R氏はニューヨークはマンハッタン島のセントラルパークの東側の、ニューヨークでは最もプレスティジアスな（その名も高き！）土地柄に、エレベーターつきの一棟五階建ての自分の家を持っているのだ。なんでも聞くところによれば、よほど金ができたにしても、マンハッタン島のしかるべきところに「一棟建ての自分の家」を持つことは極端にむずかしい由で、高層アパートのワンフロアを買い切るのがせきのやま、ということになるらしい。

　さらに人から聞いた話――したがってその真偽のほどは保証のかぎりではない――をつづけると、なんでも、ニューヨークでR氏のような「一棟建て個人住宅」をもっているのは、百家族にみたないのではないかということである。こういった事情がわからないと、アメリカにおいて、ある人がどのくらい金持ちであるかという判定もなかなかできないことになる。

　もっとも、R氏との関係は、彼が金持ちであることを知る前からのものであるから、相当の金持ちであるとわかっても、だからどうということもなく気楽につき合い、ワシントンからニューヨークにたまたま出向いたときなど、前ぶれもなく家に押しかけたこともあった（とはいえ、「今ニューヨークにきているが、これからお宅にいってもいいか」といった電話ぐらいはする）。こんな訪問の仕方は、アメリカの一般常識からすれば非礼にあたるのかもしれないのだが、そんなときにR氏は「前ぶれもなしに訪ねてくるほど自分のことをフレンドだと思っていてくれるのがうれしい。マイ・ドア・イズ・オールウェイズ・オープン・フォ・ユーだ」などといってくれた。どこまでが外交辞令かは知らないけれども、そんなときは、当方に都合よく「おとこ心は万国共通」などと解釈したものだ。

別荘に招待されて

そんなR氏夫妻から、ある夏、わが家族一同で、R氏の別荘にハウスゲストとして来るようにとの招待をうけて、好意に甘えて、われわれ夫妻と当時小学生だった子供二人それにお手伝いさんの五人連れで押しかけたことがある。別荘の所在地は、ニューヨークから車で二時間ほどの、ロングアイランド島の東端に近い、南側海浜の別荘地として知られたイーストハンプトンというところ。どうやらニューヨークのお金持ちたちの典型的な最高級別荘地であるらしい。R氏は、夏ともなれば、ウィークデーはニューヨーク住まいで、ウィークエンドには愛用のベンツ四五〇SLを駆ってニューヨークからイーストハンプトンの別荘に向う、という暮らし向きなのである。

なお、ロングアイランド島は、東西に二〇〇キロ近く細長く、その西端はJFK空港やラガーディア空港が存するニューヨーク都市圏だが、東に行くにつれて郊外型住宅地や別荘地になっているところで、歴史的には、アメリカ独立戦争にあって、特に西端部分で、アメリカ大陸軍とイギリス軍との間で「ロングアイランドの戦い」と呼ばれる最大規模の会

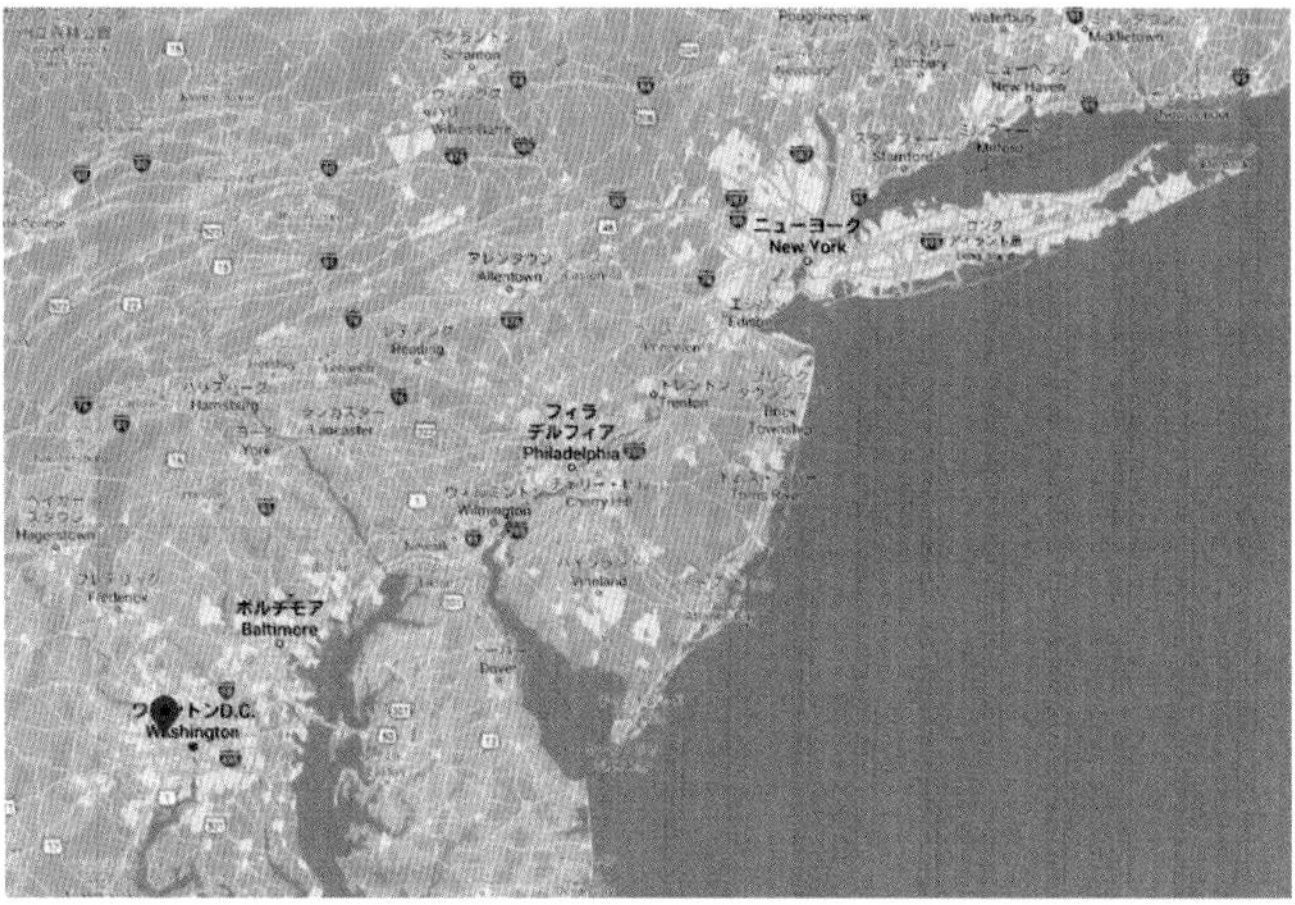

ワシントン DC からロングアイランドへ（「Google Maps:2020」より）

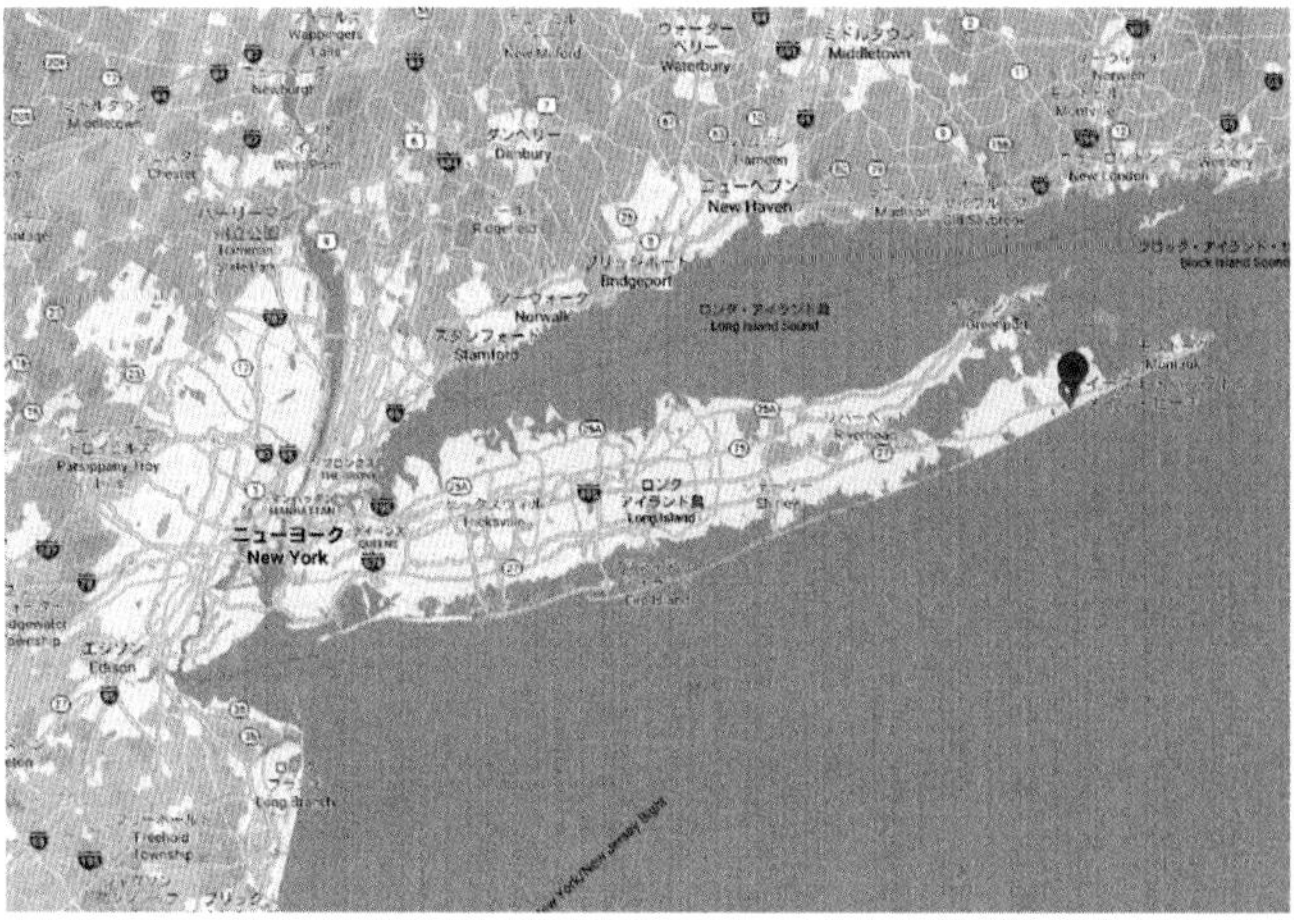

ロングアイランド島の東端に近いイーストハンプトン（「Google Maps:2020」より）

戦が行われたところである。
それまで、私自身はよくニューヨークのR氏宅には何度かお邪魔したものだが、このたびはハウスゲストとしてワイフに子供二人、それに手伝い連れということになれば、金持ち氏の別荘でいったい何がおこることやら。

ワシントンを朝たって、郵送された地図を頼りに、インターステート95号線をボルチモア、フィラデルフィアと一路北上し、ニュージャージー・ターンパイクからニューヨークを横切って、ロングアイランドを東西に走る背骨道路経由のロングドライブ。ワシントンを出てから六、七時間のドライブののち、やっとの思いで一家うちそろってイーストハンプトンのR氏の別荘についた。われわれが着いたときは、金曜日の午後だったが、R氏はオーバーオール（作業着）を身にまとって、作りたての子供部屋の外壁のペンキぬりをやっていた。

着いて一息入れると、さっそく部屋割りだ。ここで、日本人的な家族一体の考え方は、まったく通じない。正客はあくまでわれら夫妻。子供二人および手伝いは、いわば付録に

R氏別荘のエントランスにて

すぎないのだ。われわれ夫妻は、おもや、の、R氏夫妻のベッドルームとは広い廊下を隔てた逆側のベッドルーム（もちろん、バス、トイレ、それにおめかしクォーター付き）の割りあて。子供たちと手伝いは、R氏がいままで熱心に手入れをしていた車庫の上のベッドルーム（とはいっても、もちろんエアコン完備のバス、トイレつきで、ベッドを三つ入れてもまだひろびろとしている）ということになる。かくして、「おとな」と「こども」の生活体系完全分離の数日が始まった。

　それぞれがそれぞれの部屋にひきあげて一〇分とたたない間に、ワイフはもう「子供たちは何をしているかしら？」といい出すしまつ。日本の女性にとって「母親」であることをやめ、百パーセント自分個人となりきることは、相当な苦痛であるらしい。

だが、そこは心配するまでもない。子供たちは先方の子供たち、それにわが家の手伝いはR氏家のメイドと、早くも適当にやっているようだ。要は、日本人にとって最も不得意とするところだが、大人には大人の世界があるということなのだ。

のんびりとシャワーをあびて着換えをし、夕方は五時から、キャッチボールどころか軟式野球くらいならできそうな広い芝生の庭を眺め渡すテラスで、R氏夫妻、われわれ夫妻、それに近所のF氏夫妻で、夕暮時をしばしの歓談に過ごす（その間に、子供たちは、キッチンで夕食をあてがわれていたようだが、われらの関知するところにあらず）。夏の長い日もようやく暮れ始めて、時計は七時半をまわり、近所のF氏夫妻は、サンキューの言葉とともに辞去していく。夏の盛りなのに、どうしてこう蚊がいないのか、それが不思議。

テラスでの談笑のときも過ぎて夜の帳《とばり》がおりるころ、今度は広い、あまり明るくない食堂で、蝋燭の光のもと、銀食器がにぶく光る中、二組の夫妻、われわれ四人でのディナーが始まる。給仕は、正装ホワイトタイのボーイ。モーツァルトかヘンデルか忘れたけれど、

R 氏別荘の広い庭

別荘の庭に向かってのテラス

かすかに流れる名曲の調べ。それにさすが専門のコックだけに、食事の味もアメリカには珍しくなかなかおつである。要するに、「ジス・イズ・ディナー」とでもいうべきところのもの。

食事が終わると、今度は絵や彫刻でまるで美術館の一室のような少し明るくした部屋でのアフターディナードリンク。Ｒ氏夫妻も、アメリカの金持ちのご多分にもれず美術愛好家で、この部屋など絵や彫刻でちょっとした美術館の一室のようだ。一つ一つのいわれを聞いているときりがない。むしろ、そういった全体的雰囲気を楽しめばよいのだ。そういえばニューヨークのＲ氏宅でも、たしか三階でのディナーのあとアフターディナードリンクは四階だったが、思い出すと、そこには十枚近くのモダニズム的な絵が飾られていて、それらがＫＵＮＩＹＯＳＨＩ（国吉康雄）作であることを教えてくれたものだっけ。

絨毯にしても、ソファーにしても、テーブルその他の家具類も、一つ一つが凝っていて、しかも全体として調和がとれている……うっかりコーヒーをこぼしたりはできないのだ。なにくれとなき話題のうちに、夏の夜は静かに更けていく。

翌朝、近くを散歩する。街路樹の並木、文字通りひろい庭に大きな屋敷。みなそれぞれが、なんとか氏とか、かんとか夫妻のサマーリゾート（夏の別荘）である由。海岸に出ると、ロングアイランドの砂浜が大西洋の波をうけて、見渡すかぎりひろがっている。

ところが、夏だというのに、そして緩傾斜の一面の砂浜だというのに、われわれのほかに、ひとっこひとり見えないのだ。それというのは、この砂浜は、プライベート（私有地）で、その利用はその地の別荘所有者に限られ、それ以外の者が入りこめば、トレスパッスィング（私有地不法侵入）で罰されるという仕掛けである（もちろん、われわれのごときお客はいいんだろうと解釈する）。そこで別荘など持ち合せていないニューヨークっこは、残念ながら、指をくわえて、「パブリック」と表示のある海岸で我慢せざるを得ないのだ。

ついでに述べれば、「NO　DOGS　ALLOWED（犬厳禁）」で、どんなに自分のワン公がかわいくても、車の中におきざりにせざるを得ない。

ふだんはニューヨークはマンハッタン島の高級住宅地に、エレベーターつきの五階建ての自分の建物に住み（一家四人で！）、ベンツ四五〇ＳＬで隣州のニュージャージーのオフィスに通い、ニューヨーク・フィルハーモニーの年間通し切符を買っていて、夏は夏で、これまで見てきたような別荘暮し、ついでいえば、冬は冬で、フロリダなどは月並み、バ

イーストハンプトンの海岸（「Google Earth:2020」より）

イーストハンプトンのプライベートビーチにて

ハマやバーミューダあたりに足をのばす。何年かに一回、何十日間かの世界旅行に出かけ、行くさきざきで、気に入った美術品や骨董品を買いこむ——という具合にみてくれば、その程度は別として、これぞまごうかたなきアメリカの金持ちのライフスタイルだ。さらにおまけがついて、オーバーオールを身にまとい、自分でペンキぬりや庭の手入れをやったりする。べつにペンキ屋や庭師の日当が惜しいからではないのだろうが。

そして、このようなライフスタイルこそ、アメリカの中産階級がみな指向し、程度の差こそあれ、それぞれの財力に応じて、部分的にせよ実現しているところのものであるのだ。

それからもう一つ重ねていうと、ニューヨークといえば人も知る犯罪都市、そこからここイーストハンプトンは、二時間半の距離だ。そしてこの別荘地は、閑静であるとはいえ、自動車でちょっと行けばイーストハンプトンの中心部にいたり、そこらあたりはそれこそ「普通」の避暑客、海水浴客なども見掛けたりはする。他方、R氏宅には、先ほど述べたような高価なものがところせましと置いてあるわけだし、ここらあたりの家々は、おそらくR氏宅と大同小異であると誰しも考えるのではないか。だとすれば、日本人的貧乏性のせいかどうかは知らないけれども、たとえ全部保険がかけられていても、ドロボーのことが多少とも気がかりではないかと思うのだが、そんなことはR氏やR氏夫人はおよそ気にするふうもなく、どこの部屋にも、玄関にも、昼も夜も鍵をかける様子がみられないのだ。第一、これだけ家がひろいと、家どころか部屋ごとに鍵でもかけないと、コソドロあたり、自由自在という感じである。もちろん、家の中のものが大事でないわけはなく、また、アキスなり、コソドロなりオシイリなり、の危険性をまったく無視しているわけではなかろうが、そういった危険性と、イーストハンプトンのごとき別荘地にきてまでオープンなライフスタイルをくずしたくないという「フリー・アンド・オープン・ライフスタイル」の配慮上のことかもしれない。

……などというのも島国日本、東京ものの考え過ごしかな。そう言えば東京から二百キロといえば、丁度槍ヶ岳くらいまでの距離なのだ。そんな人口希薄で遠方の、勝手知らざるところまで、わざわざものとりに出かけるほど、ドロボーさんたちだって暇ではない、というのがむしろ正解なのかも知れない。

金持ち的ライフスタイルへの道

手入れのいきとどいたひろい庭、その構造がなかなかおぼえきれないほど大きな館、数分のところに大西洋に洗われて横たわるひとけなき砂浜、かずかずの美術品や趣味のよい家具調度品、そしておしゃべりでもなく寡黙でもなくさらさらとつき合いのよいR氏夫妻、といった自然と人為にかこまれていたわけだが、生れおちてからこのかたの本来性日本的貧乏性はいたしかたないもの、二日もしないうちに、このような自然と人為ももうたくさんと思うようになってきた。アメリカの地にある身として、まさか、畳の上にゆかたがけであぐらをかき、「オーイ、冷蔵庫のひえたビール早く頼む」、「ハーイ、ただいま」などといったぜいたくは無理としても、「アメリカの金持ち的ライフスタイル」は、ちょっと経験するくらいならまだしも、その中に家族ともどもわが身を百パーセントひたすということになると、これはまた容易ならざることであった。

といった次第で、まる二日間というもの、アメリカの金持ち家族と、文字通り、寝食をともにした。三日目に、旅行日程の都合もあり、R氏夫妻のひきとめるのをことわって、再び一家うちそろって車中の人となった。車にのって間もなくのこと、まる二日以上も飲み食い一切心配なく、子供の面倒もみずにぶらぶらのんびり暮らしたはずのワイフがいった、「あーあ、ほんとうにつかれたわ」。

これぞ気づかい《づかい》かれといわずして何といおう。金持ちになることそれ自体はもとより大変だが、金持ち的ライフスタイルへの道も、遠くかつ険しくみえたのだった。

閑話休題（二）ヘップバーン嬢とヘボン先生――米語暮らし雑考

ワシントン暮らしを始めてしばしのころ、何かの用事で朝六時起きして、たまたまテレビをつけてみておどろいた。「易しい英語教室」の時間なのである。日本になぞらえて言えば、東京のどこかのテレビで、「日本語初級会話」をやっているようなものである。わが日本では、そんな必要はまったくないのだが、ここアメリカでは、学校でのランゲージ……日本で言うところの国語……のほかに、こういった社会教育の時間が必要なのだ。それほどに、英語をしゃべれないアメリカ人も、結構多いのである。

確かに、少なくとも「言葉」の面で見るかぎり、アメリカでは、幸か不幸か、「外国人」という観念はあまりないようだ。なぜなら、今や数のうえでは少数派であるアングロサクソン系を除けば、あとはみな、「言語的」にはもともとは外国人だったのだから。したがって、あなた一個人が、その顔つき、服装、ものごしなどからして、いかほどに純粋に日本人的であろうとも、羽織袴でも着用に及んでいないかぎり、あなたがとりたてて「外国人」と認識されることはないと思ってよかろう。どう見ても典型的日本人である私自身の経験からしても、街頭でどう見てもアメリカ人としか見えない人からみちを尋ねられることがよくあったものだ（ただし、人間が二人集まれば社会ができると言われているように、グループとなると話は別で、そのグループ全体の立ち居振る舞いから、おのずと国民性や文化の差がにじみ出てくるようである）。

　したがってこれを英語との関連で言えば、日本で外人の顔を見ると、「この人は日本語が通じない」、と決めてかかる（日本語がうまいと逆にきわめて奇妙な動物のごとく感じる）のとまったく逆の現象が生じ、こちらを外国人扱いすることなく、手加減なしにペラペラと、通常のペースで話しかけてくるのだ。分からないときは分からない方が悪いのであってそれだけのことなのだ。「おれは外国人なのだから分からないのがあたりまえだ。それなら逆に日本語が分かるか」、などと心の中で力んでみても、そんな言い訳は自己満足以外の何ものでもない。現実は、分からなくては困るのは自分自身であって、先さまはひとつも困らない。手まねであろうと足まねであろうと、とにかく分かり、分からせないことには、生きていけない、そういう世界なのである。

　にもかかわらず、と言うべきか、だからこそ、と言うべきか分からぬが、アメリカは、英語をしゃべれない人たちを、いかにして早く同化させるか、という努力を、社会のあちこちで、一生懸命やっているようだ。

　その好例は、先ほどのテレビ番組。もっと卑近な例では、わが家がアメリカに行ったばかりのころ、子供たちは、居をかまえたワシントン郊外、ヴァージニア州マクリーンの公立《パブリック》の小学校《エレメンタリー》に入れてもらったのだが、英語は当初もちろんまるで駄目である。そういった際、その小学校では、英語《ランゲージ》（つまり国語）の時間は、小学校四年の息子ひとりを、クラスから別にして、近所のボランティアの夫人が、半年ぐらい、英語を教えてくれた（娘は小学校一年に入ったので、そういう問題はなかった）。なんともはや有難きかな、である。ちなみに言えばアメリカの学校に入った日本人の子弟は、まず、数学で頭角をあらわすのが普通で、そういった点では、学校側も、問題は英語の面だけだということがすぐ分かるようである。

そこでもうひとつちなみに言えば、他の外国語に比して日本語にいろいろの欠点《デメリット》があるにしても、掛算九九は、日本語の数詞の唱え方の特徴を生かした世界の傑作と言うべきではないかと思っている。「ににんがし、にさんがろく、にしがはち………」と始まり、「………はっくしちじゅうに、くくはちじゅういち」に終わる全体系は、あたかもお経を読むがごとく、日本語の音韻律を生かしているためきわめて覚えよい（日本の子供たちが計算が早いのは、この「九九」のせいでもあると思っている）。

これにひきかえ英語の場合は、Two times two is four, two times three is six……と続き、twelve times twelve is one hundred and forty-four で終わるわけだが、日本式掛算九九の口調のよさには比すべくもない。日本でもはやったスヌーピー漫画の一場面だが、スヌーピーの主人のチャーリー・ブラウンの妹サリーが英語掛算《マルティプリケーション》を暗記しようとしていて、Two times two is twenty-two, three times three is threety-three…… などと言って、兄貴チャーリー・ブラウンを慨嘆させることにもなるのである。そんなこともあってか、英語式掛算九九を覚えさせようとして、Multiplication《マルティプリケーション》 Rock《ロック》 なるレコード盤が売り出されていて、学校ですすめられたのか子供たちが買ってきたが、両面全部聞くのに三十分以上もかかる始末。日本で「掛算九九」のレコードなんて考えられもしないだろうから、いまさらながらその有難みを痛感しなければなるまい。

ことのついでに述べておくと、日本人ならほとんどだれもごく普通に覚えている、$\sqrt{2}$の「ひとよひとよにひとみごろ」、$\sqrt{3}$の「ひとなみにおごれや」、さらに円周率（π）を「みひとつよひとのいずくに………」と三十桁まで覚える方法、などという類《たぐい》は、アメリカ人にはおよそ想到し得べくもないから、数字をどんどん並べて書いて見せると、この人英語はあまりうまくないけど、よほど記憶力のよい人だ、と思われること受け合いである。

ひとなみに暮らすためには

話が横道にそれたが、アメリカで他人《ひと》の世話にならずに、それこそ$\sqrt{3}$ではないが、ひとなみに暮らそうと思うと、知っていなくてはならぬ英語ときたら大変なものだ。運転免許をとるときなども、やれ intersection（交差点）とか、yield（先方優先）とか、pedestrian（歩行者）とか、普段あまりお目にかかったことのない単語を覚えなくてはいけないし、それに第一、運転免許証だって、ドライバーズライセンスと言うのだろうとばかり思っていたらあにはからんや、motor vehicle operator's permit と言うのである。

眼鏡をあつらえるにしても、まず ophthalmologist（眼科医）のところで診断してもらって検眼証をもらい、次いで optometrist（眼鏡医）と相談する。子供が病気になれば、すぐ pediatrist（小児科医）に連れて行かなくてはならないし。

日用品などの説明書や仕様書を読みこなすのもなかなか大変だ。通常、きわめて簡潔に、要ることだけしか書いてないのでかえって難しくなるようだ。大統領の演説とか、新聞の社説や論評、『タイム』や『ニューズウィーク』の記事のように、言わば抽象度のより高いものは、比較的理解が容易である半面、日常生活に密着して、より具体的な、あるいはより即物的な英語ほど、かえって難しいから困ってしまうのである。

例えば、ワイフがスーパーから何か食事の材料を買ってきて、説明書の不明箇所を質問されたとする。だいたい、私自身の英語力だってあやしいところにもってきて、料理の知識となれば自慢じゃないがゼロに等しいし、かてて加えてオンスだのパイントだの華氏《ファーレンハイト》（温度）だのといった変わった単位がぞくぞく登場するものだから、とてもすらすらという具合にはいかない。そうなればそうなったで、ワイフに、「あら、こんなことも分からないの？」、とでも言いたげな顔をされ、日本にありし折には、彼此の相対関係において、相当に大きかったらしい私の英語力に対するワイフの信頼度も、著しく低下しかねない危険な状況が現出するのであった。

だが、世の中はうまくしたもので、一年もしないうちに、ワイフはさっぱり私に聞かなくなってしまった。料理のつくり方にしろ、洗剤や除草剤のつかい方にしろ、餅《もち》は餅屋《もちや》と言うべきか、だいたいは見当がつくらしいし、さらに分からなければ子供たちに聞いているらしい。「これは単数かな？　複数かな？」、などと理屈ばかりこねまわす面倒くさい亭主はだんだん疎外されてしまった。今にして思えば、こういった商品学の分野でも、もっと真面目に苦労を重ねておけば、苦労しただけの実践的実用的英語知識が増えていたかもしれなかったのに。

もうひとつ述べさせていただくと、日本語対英語の関係において、きわめて危険なのは、なまじ日本語でカタカナになっている言葉、つまり似て非なるらしきもの、である。
かつて日本は、アメリカ、カナダ、ソ連との四カ国の間で、「北太平洋のおっとせいの保存に関する暫定条約」という長ったらしい名の条約を結んでいたのだが、もう数十年前にもなろうか、この条約交渉がワシントンで行われた際、この地を訪れていた日本代表団のひとりが、「おっとせい」を英語から出た言葉だとばかり思い込み、会食の際にアメリカ代表に「オットセイ」と言ってはみたが、相手は何を言われているのか分からない様子。そこで、「オットセイ」とか「オットセーイ」とかいろいろとアクセントを変えて発音してみたが、相手は相変わらずキョトンとしているだけだった、というのだ。この話にはさらにおちがあって、そこでその日本代表団員が、たまりかねて手近の紙に、おっとせいの絵をかいて相手に渡したところ、くだんのアメリカ人は、それをじっと見て、Oh, a pigeon! と言った、というのだ。

この話は、ワシントンにおける、ややできすぎの感もする古典的笑い話であるが、この話を聞いて心から笑える日本人は、よほど英語に自信のある人か、それとも、おれは英語なんかに関係ない、と割りきっている人かのどちらかではなかろうか。

例えば自動車でもっともありふれた英語らしき「ハンドル」などと言われて分かるアメリカ人がいたらお目にかかりたいくらいだし、「パンク」なんて、いったいどんな英語から由来したのか不思議になる。このほかにも自動車のカタカナ用語には、バックミラーだのエンストだのさらにはガソリンスタンドだの、らしき和製英語がひしめきあっている。ちなみに、若干頭を働かせれば、エンストはベースアップをベアと言うごときエンジンとストップの省略形と思い当たる向きもあろうと思うがさにあらず、エンジンが主語の場合は動詞はstallをつかいstopをつかうことはない。

　こんな次第であるから、調子の悪い車を修理屋に持って行って症状を述べるときなどは、本当に額に汗する思いである。「エンジンのかかりが悪い」とか、「クラッチがあまいようだ」といった程度ならまだよいが、「普段はなんともないのだが、スタート後しばらく走って交差点で止まったときなどにときどきエンストする」などと英語で言う身にもなってみられたし。いずれにしても、こういった英語らしき日本語は、オットセイではないけれども、何回言ってみたってどうせ通じっこないから、かえって混乱が起こらずに始末がよいということにもなる。

アメリカで四月ごろから十月ごろまで、ほとんどの州で実施されるいわゆる「夏時間」は、ジャパニーズイングリッシュではサマータイムだが、英語の「サマータイム」は、キャサリン・ヘップバーン主演のヴェニスを舞台とした映画の題名でも先刻ご承知のとおり、単に「夏」あるいは文字どおり「夏の時」という意味しかなく、アメリカで「夏時間」を意味するならば、いかに長ったらしくとも daylight-saving time と言ってもらわなければ話は混乱するだけだ。

似たような例としては、ナイターがある。これなんか、造語としては本当に傑作でアメリカに輸出したいくらいだが、少なくとも現時点ではナイトゲームと言わないかぎり分かってくれっこない。

先ほどキャサリン・ヘップバーンの名が出てきたが、ヘップバーンと言えばだれしも思い浮かべるのが『ローマの休日』や『麗しのサブリナ』などその妖精的美しさで一世を風靡《ふうび》し、猫にも杓子にもヘップバーンカットをはやらせて日本女性の短髪化に偉大な貢献をなしたオードリィ・ヘップバーン。キャサリンだろうがオードリィだろうが、ともかくこのヘップバーンと、明治初期に聖書の和訳や今に至るもその本人の名を冠している「ヘボン式ローマ字」で日本に尽くしたジェームス・へボンのヘボンとは、同じ Hepburn の違い読みであり、もちろん、英語としての発音は同じである。などと言うと本当かしらと首をかしげる向きもあるやもしれずだが、「ブランデー、水で割ったらアメリカン」のアメリカンと、二、三世代前くらいに使われたメリケン粉ないしはメリケン波止場と同じことの極端な例であると思っていただけばよい。ただし、問題は、ヘップバーンとヘボン、アメリカンとメリケンを対比して、実際に「音」として発音した場合に、新と旧とでどちらがネイティブにより通ずるかと言えば、残念ながらむしろ旧の方に軍配があがるのではないかと思われる。また、カナで「バレー」とあったからといって、valley か volleyball のことかさらにはまた ballet なのか分からないし、競馬の実況放送などでいやでも耳にする「ハロン」などというのは、いったいどういう語源なのか見当もつかない（いろいろ調べてみたらハロンは furlong…… もともとはうねの長さから来たもので、1 furlong ＝ 1/8mile ＝約二百メートルとなっていることが分かった）。

最後に、十数年前にもなるか、かのピンクレディーのおかげで幼児といえども知るところとなった「サウスポー」。ところが、これだって、ちょっとやそっと英語をかじったぐらいで正しいスペルができるかどうか。だがそれは、あくまでカタカナのサウスポーがいけないのであって、アメリカ人であれば小学生といえども、まさに発音どおり、southpaw と、すらすら書くでありましょう。もちろん、アメリカの子供たちにとって、south（南）も paw（犬や猫の足）も、ごくごく日常語の域を出ないから。

英語に三つのカテゴリー

とにもかくにも、そろそろ不惑も近しという年代になって、生まれてはじめて外国語の世界はアメリカの地に住まいいたすこととなり、見よう見まね、聞きよう聞きまねで、英語にまみれて暮らした結果、英語に関して次のような考えをもつに至った。

英語には三つのカテゴリーが存するのではないか。

その第一のカテゴリーは、大脳皮質英語とも言うべきものであって、これを簡単に言えば、日本にいて、日本人が、知性と努力をもってして習得できるところのものである。さらにこれを具体化すれば、日本にいる外国人と、英語で意思疎通もでき、本、雑誌などを通じての米英の知識、文化の吸収にはこと欠かず……よしんば、辞書を片手に、であったにせよ、である……CNNやFENのニュース放送を聞いて相当分かったつもりになり、要するに日本にいるかぎりにおいてはそれで十分であるところの英語である。

第二のカテゴリーは、日常生活上の常識に属する分野とでも言おうか。例えば、算術用語、日用品の名称、季節やお天気用語、病気の名前、犯罪、交通、スポーツ用語、地理、歴史上の事件や人物、それに、キリスト教用語など。

前に掛算のことを述べたが、division（割算）、decimal（小数）、fraction（分数）といった、アメリカならば小学生でも知っているはずの算数用語は、なにしろ実際に使うこともないからか、覚えようとしても、なかなか覚えられないものだ。他方、自動車や交通法規関係の英語は、運転免許の試験があることもあり、また実際に自動車を動かすので、必要最小限はいやおうなしに覚えるものだし、スポーツ用語などは、アメリカ人と一緒にプレイすればすぐ覚えられる。

病気のことともなれば、真剣度はぐっと高まり、英会話で習うI've got a coldとかI've got a headacheなどと言ってその程度ですましているわけにはいかない。四百四病とよく言うが、洋の東西で病気の種類にかかわりのあるはずはなく、つまり例えば日本の家庭医学全書の索引のところに出てくる難しい日本語に対応する難しい英語の知識が必要な場合も生じてくるのだ。

といった次第で、diarrhea（下痢）などはまだ初歩の方であって、hemorrhoid（痔疾）ぐらいの単語であっても、きっとそれでお悩みの方が多いからでありましょう、カーラジオで一日何回もその薬の宣伝を聞かされていやでも覚えさせられた。

さらに自分の病気のこととなると、De Quervain's disease（腱鞘炎《けんしょうえん》）などという、ウェブスター大辞典にものっていないような病名すら、覚えなければならないのだ。私自身、実はワシントン在勤中に、腱鞘炎にかかったのだが、その治療にあたって、外科医との英語のやりとりは、本当に往生させられた。とどのつまりは入院して手術ということになり、まないたの鯉ばりに手術台に横たわったところで、その外科医から「total anesthesia にしますか、local anesthesia にしますか」と聞かれ、文字どおり左右上下進退窮《きわ》まる思いであったが、辛うじてこれは麻酔のことを言っているのではないかと思い至り、やっと total anesthesia（全身麻酔）にしてもらって昏々とした眠りについたのだった。

いずれにせよ、このようなアメリカ社会の日常の常識に属する言葉や言い方、あるいは生活上必要な語彙《ごい》といったものは、基本的にはある程度実際に暮らしてみないと、なかなか覚えられるものではないし、また無理やり覚えたところで、あまり効率的でもないように思える。少なくとも日本にいての英語の勉強ということであれば、何かひとつの趣味を持って、その趣味を生かすようなかたち（例えば、アメリカの雑誌の購読など）で、英語そのものに親しんでいくのがよいのではなかろうか。例えば、自然と旅を愛するならば、『National Geographic』など最適だし、『Playboy』や『Penthouse』などは別として、『Golf Digest』なども眺めているだけでも楽しいものである。

そして第三のカテゴリー。これは、何と定義するか難しいが、まあ原点的英語とでも言うか、二、三歳からせいぜい十歳くらいまでの間に、白地の脳に覚え込まれる、言わば、マザー・グース的英語である。このような英語の世界では、lとr、thとs、vとbなどを努力なしに聞き分け言い分け、三人称単数現在には自動的にsをつける。それだけではなく、ちょうどわれわれ日本人にあって、「赤とんぼ」と言えば、それは単なる昆虫の一種ではなくて、「夕やけ小やけの　赤とんぼ」という、言わば情緒的表象に取り囲まれた「赤とんぼ」であるのと同様のことが、

ladybird（てんとう虫）と言ったときにアメリカ人の心の中に生じているに違いないのだ。幼児期に、基本的な知識と心情を形成する手段であった音と文字との組み合わせとして言葉の世界、それが第三のカテゴリーと言えようか。

ところで、そのような範疇《はんちゅう》分類をして何が言いたいのか。結論を先に言ってしまうと次のごとし。すなわち、われわれのように、神様の思し召《おぼめ》しか、はたまた運命のいたずらかは知らねども、中学生にしてはじめて英語を習ったという平均的日本人にとって英語というものは、第一のカテゴリーを経て、第二のカテゴリーを相当こなす、といったあたりが関の山ではなかろうか。いかに努力を重ねようとも、第三のカテゴリーは、いつまでたっても「聖域」として、われわれの手のとどかぬところにとどまっているのではないだろうか。

アメリカ滞在も二、三年過ぎたころ、家族でテレビのドタバタ喜劇を見ていて、子供たちがケタケタ笑っているのに私はちっとも面白くもないときなど、言葉というものについて、言葉と人生というものについて、つくづく考えさせられるのだ。私は、いったい、この英語なるものに、この何十年来、どれだけの時間を割いてきたのだろうか。その時間の集積たるや、決して小さなものではないはずだ。しかるになんぞや、その私は、今、英語歴わずか二、三年の子供たちが、面白がって声を上げているのに、何が面白いか分からずに、黙って座っているだけなのだ。もし、言葉というものを、外部的情報を内なるわれに伝えるところのもの、と考えれば、情報伝達の手段の習得そのものに費やした時間は、その手段を通じて得られる情報量に比して、あまりにも多すぎたのではあるまいか。しかも、今後とも、この手段によって情報を得ようとすれば、手段の習得をさらに重ねていかねばならず、しかもどうやらそこにはいわゆる収穫逓減の法則が、ますます働きかねないのだ。

　だが、そういった個人的な感慨から離れて、日本人と英語という次元で考えてみると、思えば現在から百数十年前の一八五〇／六〇年代の日本において、英語を読み書き話せたのは、当時の日本人の人口三千万人中、ジョン万次郎ただひとりだったのだ。それからたった百数十年余りの今日、たとえ先ほどの第一カテゴリーあるいは第二カテゴリーまでであろうとも、それなりの努力の結果、多くの日本人が、日本語と英語の双方をこなすようになってきている。そして、これからは、多分、第一、第二にとどまらず、第三カテゴリーを含むすべてのカテゴリーに通暁《つうぎょう》した日本人も、決して珍しくなくなってこよう。

そう思いつつ、新聞の広告欄でチャーリー・ブラウンの漫画映画を探し出し、子供たちと一緒に見に行って身体全体を耳にして、やっと八、九分どおり分かる始末。

「難しきものよ、汝の名は英語なり」

第VI話　イギリス植民事始め――ジェームズタウン

「あの三塁線ぎりぎりのライナーが、あと十センチ右に入っていれば」とか、「あのツースリーのあとのアウトコースぎりぎりの球がストライクだったら」とか泣き言を言ってみたって、どうなるものでもない。さる野球評論家氏の、「野球に『ればたら』はない」は、けだし名言である。

そして、まったく同じ趣向をもってして、「歴史に『IF《もし》』はない」。

そうとは知りつつればと言い、たらと言うのが野球ファン心理であるわけだが、まあ問題領域が、されどであってもたかがの野球であるならば、それこそIF《もし》ればたらが実現していれば（いたら？）、そうだとしたってパレードやバーゲンセールや祝杯のぬしが代わっているぐらいで、天下の大事には至らない（喜ぶ人と嘆く人とが入れ代わるだけだから）。

しかるになんぞや、IF《もし》歴史にIF《もし》があったとすれば、………それこそ世界史の、そして日本史の、みちゆきが、あちらこちらで全部大きく変わっていて……そして一番確かで大事なことは、今この文を書いている私にしても、またそれを読んでいるあなたにしたって、およそこの世に生を受けていなかったであろうことは、まず間違いないのである。

そう、だからＩＦ《もし》このインディアン大酋長ポーハタンの愛娘《まなむすめ》ポカホンタスがいなかったならば……そうすればアメリカにおけるイギリス植民は、もっとずっと遅れて、しかもまったく違った様相を呈《てい》していたであろうし、独立戦争だってどうなっていたか分からないし、アメリカの姿かたちも現在のそれとはまったく違っていたであろうし、そして今の日本もどうなっていたか分からないし……結論として確言できるのは、私もあなたも、この世に存在していなかったでありましょう。

コロニアル・ウイリアムズバーグにて

昔から「早起きは三文の得」といわれていることでもあり、皆で早起きしてワシントン郊外のわが家を早めに出発し、インターステート95号線を南下。リッチモンドで64号線に乗り、東向きに進んで、コロニアル・ウイリアムズバーグに辿り着いたのは、まだ昼食まで二時間ほど前のことだった。ウイリアムズバーグ郊外在で百数十ヘクタールほどのこの

ワシントン DC からウイリアムズバーグへ（「Google Maps:2020」より）

地は、アメリカ独立戦争の開始前の十八世紀……我が国では江戸徳川幕府時代の中葉、幕政改革により幕府中興の祖といわれた第八代将軍吉宗と吉宗の長男で大岡忠光や田沼意次を重用した第九代将軍家重の時代……にあって、イギリス最大の植民地だったヴァージニアの首府、ウイリアムズバーグのたたずまいを、そのままに復元した、いわば歴史再現的観光地なのであり、アメリカの歴史を、楽しみながら知ることが出来るところである。

　早起きのお陰で、三文どころか、この歴史再現地区によって、十八世紀アメリカの風物……建物のみならず、文物・

ウイリアムズバーグ総督府

ウイリアムズバーグ植民地議会議事堂

罪人晒し場

古典衣装の接遇婦人と

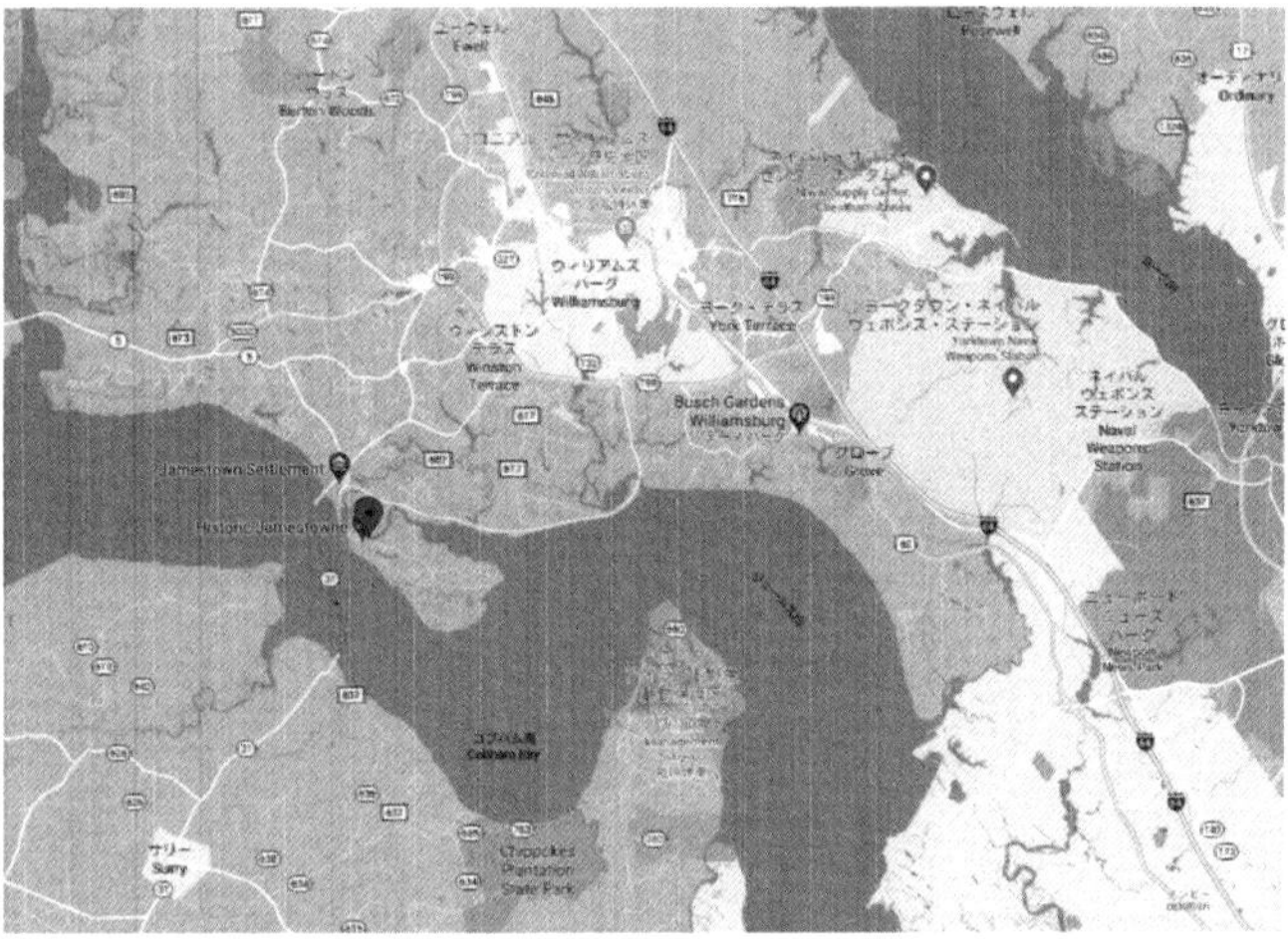

ジェームズタウンとウイリアムズバーグ（「Google Maps:2020」より）

家具・家財、加えて当時の装いで当時の言葉で話す美人など……に、充分に接することが出来て、私のみならず家族の皆が皆、一様に大いに満足するところがあったのだった。

駐車場に戻って、「ここ、面白かったねー、来てよかったねー」などと皆で言いあいながらいざ出発。そこで改めて時計を見ると、まだ日の暮れるまでは若干時間がありそうだ。しからば次にまだ何処かに行けるかも、と欲張って、手持ちの英文案内書をみると、「アメリカ大陸における最初のイギリス植民地」といった見出しがあって、ウィリアムズバーグから湾沿いのコロニアルパークウエイで二十キロほど車を走らせての、ジェームズタウンが記されていた。ウイリアムズバーグが、十八世紀なのだから、「最初」とあるのは十七世紀のことなのかな。ジェームズタウンなんてあまり聞いたことがないが、まあ、折角ここまで来たのだから、ともかくその「最初」とやらにいってみるか。

小学生の娘が知っていたポカホンタス

ほどなくして、「ジェームズタウン」と記されているそれらしきところに着き、駐車場に車を入れて、みなでぞろぞろ歩きを開始した。

秋の日の傾くのがいかに早いとはいえ、つい先程までウイリアムズバーグのはなやかなにぎわいを味わってきたばかりの私の目に映る「最初のイギリス植民地」のたたずまいは、あまりにも人気《ひとけ》もなく寂しいものだった。それらしきものと言えば、小さく古ぼけ半分壊れた教会とおぼしきレンガの建物ぐらい。私のみならず、ワイフや子供たちまで、すっかり拍子抜けしたていで、さてそれではこれからどうしたものかとばかりにぶらぶら歩いているうちに、小さい広場に立っている妙な銅像に出くわした。妙な、というゆえんは、まず、男のようでなく、また白人のようでなく、要するにいわゆる普通の銅像的でないので

ポカホンタス像

ある。

「いったい、この人は何なの？」

と、ワイフがやや詰問調ともとれる質問を発する。何も私が言い出しっぺでここジェームズタウンに来たからといって、私だってはじめて見るもろもろについて、すぐ説明しなければならない責務はない。百聞一見にしかずの言のごとく、まずは直接見て、知らざるを知ってこれを習うのが真の知識の始まりなのだ。それにしても妙な像だな。全体としてよくよく見てみると、どうもインディアン女性のようであるが、それにしてもどうしてそれが銅像に、と首をひねる。

すると、銅像わきの「ポカホンタス」

という表示を見て、ヴァージニアの小学校《エレメンタリー》に通っている娘がヴァージニア訛《なま》りの英語まじりで、

「この女の人のこと学校で習ったわ。なんでもポカホンタスは、インディアンのポーハタンというえらい人の娘で、この人がイギリスから来たえらい人の命を救ったおかげで、ヴァージニアの植民地《コロニー》がやっと生きのびることができたんだって」

なるほどなるほど、この程度のことは、わが娘とはいえ、ヤンキー的アメリカならぬオールド・ドミニオンとして誇りも高き南部ヴァージニアの小学生の常識であるのか。そういえば、「ポカホンタス」は初耳だが、「ポーハタン」は何だったか忘れたが、どっかで聞いたことがあるな。

たいしたものは見なかったが、せっかく来たおかげですこしばかり利口になって、でも日もだいぶ傾きかけたので、それではそろそろアメリカを今日《こんにち》のそれのごとくあらしめたポカホンタスともお別れしようとしたところ、気をよくした娘がまたも言い出した。

「そう言えば、学校のお友達が、ジェームズタウンでお船を見てきたって言ってたわよ。それにうんと古いお家もあるんですって」

これではやはり雑学以外にさして取り柄なき私として、事前調査不十分のそしりをまね

いてもやむを得ずということか。

それにしたって、もう日も暮れかかるし、これからというわけにはまいらない。幸い連休のことでもあり、今日はこのくらいできりあげて、近くに宿でも探すこととして、明日また出直すこととしよう。そうと決まれば、せっかくのことでもあるから、今晩多少とも予備知識を仕入れておかなくては。

ポカホンタスとイギリス植民

スーザンコンスタント号百トン、ゴッドスピード号四十トン、そしてディスカバリー号二十トン。

アメリカ大陸最初のイギリス植民は、わが国でもあまりにも有名な、かのメイフラワー号ではなくて、これに先立つこと十三年前の一六〇七年四月に、この三隻によってその第一歩をしるしたのだった。一六〇七年当時と言えば、わが国では、徳川秀忠が第二代将軍になったばかりで、関ヶ原合戦（一六〇〇年）と豊臣家が滅びた大阪夏の陣（一六一五年）のちょうど中ごろのこと。そんな時代にこんなちっぽけな帆船三隻が、大西洋のあらなみを、四カ月もかかって、沈みもばらばらにもならずになんとか乗り越えて、チェサピーク

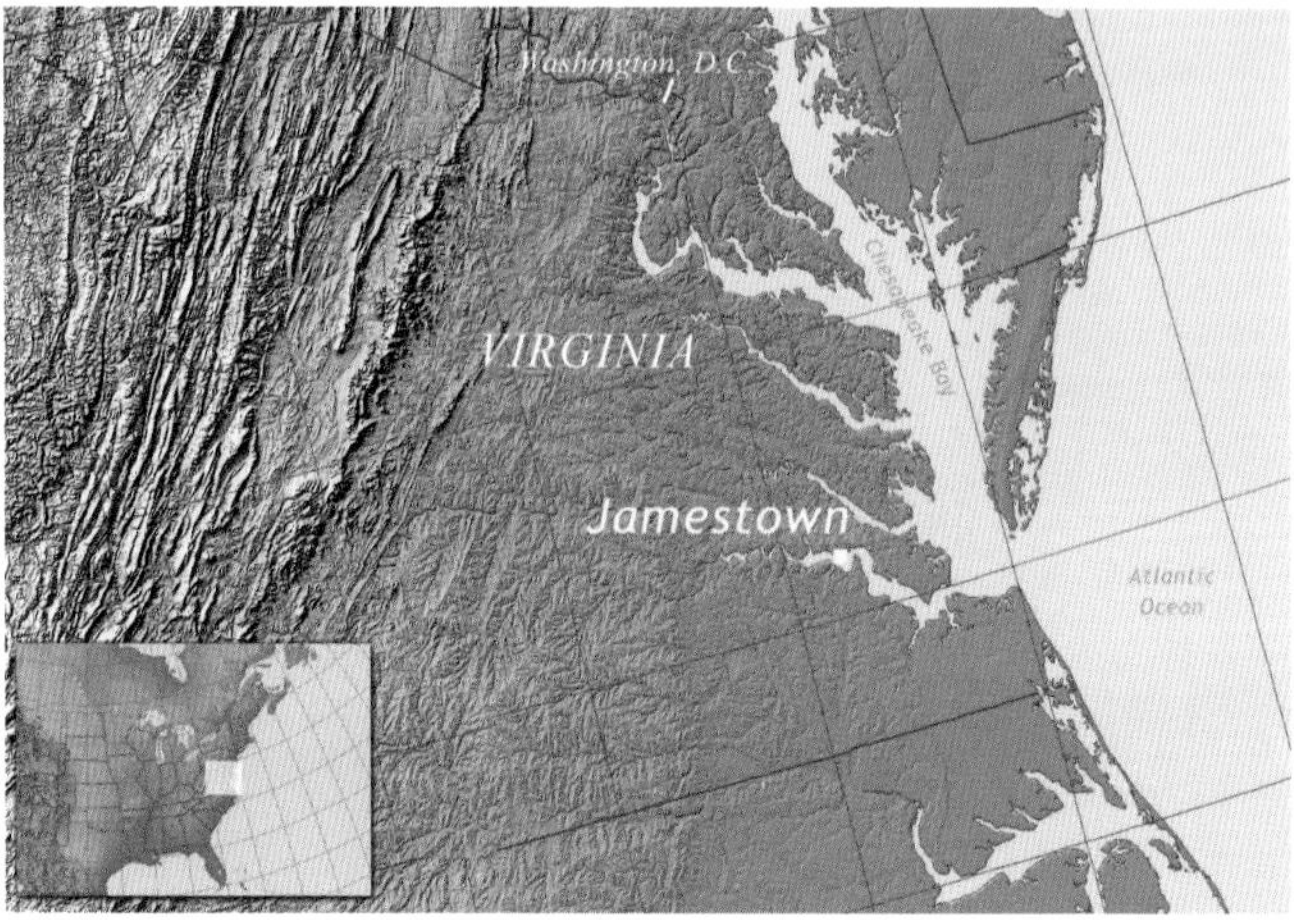

アメリカ東海岸におけるジェームズタウン（「Wikipedia」より：P244 参照）

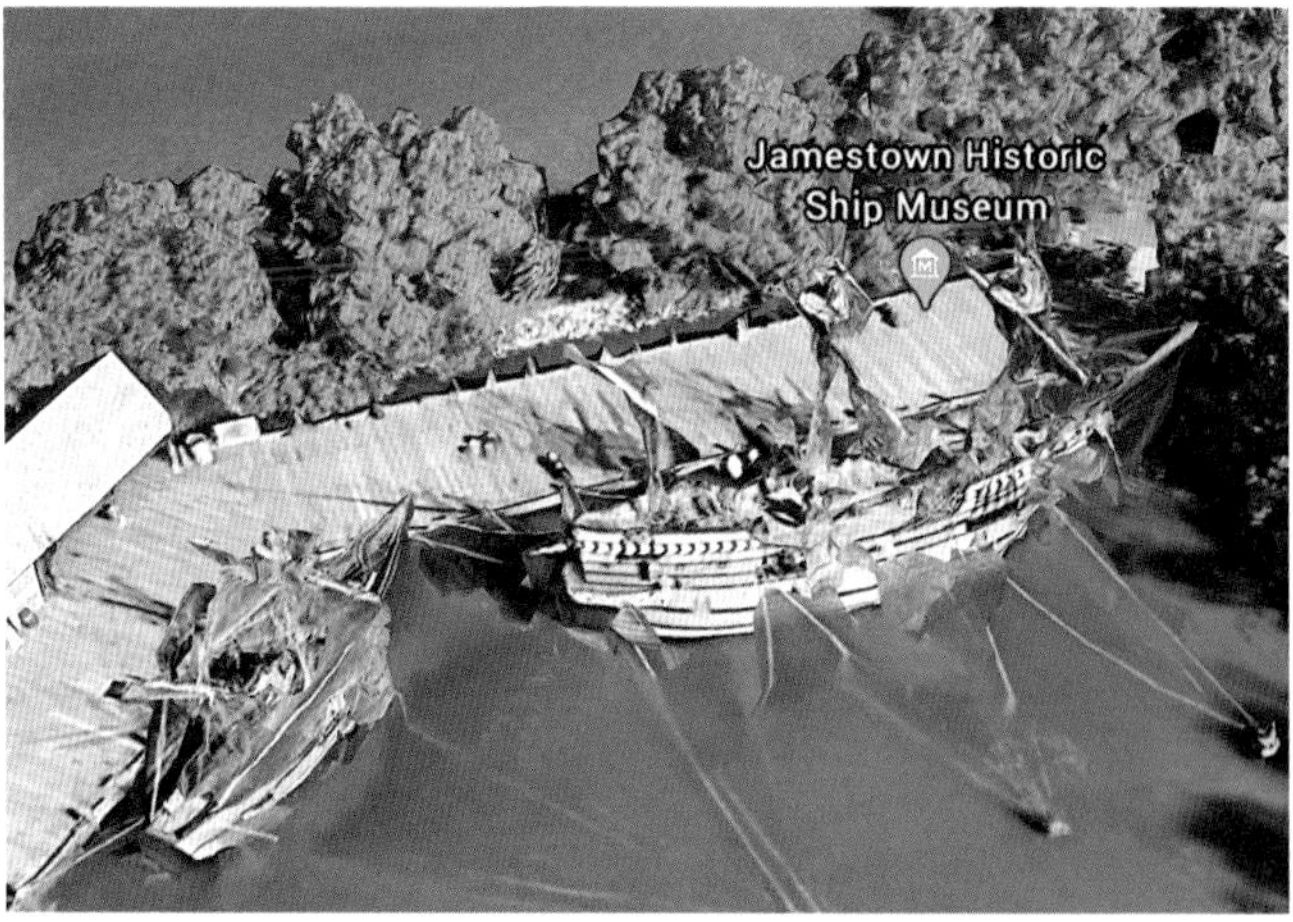

歴史船の展示（「Google Earth:2020」より）

湾に流れ注ぐ無数の川のひとつであるジェームズリバーを少しのぼったここジェームズタウンに、どうにかこうにかたどりついたこと自体、奇跡に近いと言うべきことだった。

現在、ジェームズタウン・フェスティバル・パークに繋留されているこれら三隻の帆船（複製《レプリカ》）に乗ってデッキに立ち、あるいは船倉にもぐってみると、よくもまあこんなちっぽけな船でこんなせまいところに四カ月も、と、当時この三隻に分乗した百人余のイギリス人入植者の気持ち、苦労が、文字どおり肉体的にせまってくる感がするのだった。

だが、これだけの長い辛苦の旅路のあげくに、入植者を待ち受けていたのは、パラダイスではなくて、疫病だらけの生活とそれに強力かつ敵対的なインディアンだったのだ。入植後数年間の危機的な「飢えの時代《スターービングタイム》」に、生まれたてのコロニーをなんとかこの地に根づかせたのが、キャプテン・ジョン・スミスだったのだが、スミスがインディアンに捕らえられ、大酋長ポーハタンの前で、あわや殺されんとしたときに、飛び出してきて彼を救った十二歳の少女が、ポーハタンの愛娘《まなむすめ》ポカホンタスだった。

ジェームズタウン植民地《コロニー》が、幾多の辛酸を味わいながらもなんとか生きのびていく過程で、対インディアンの関係でポカホンタスの果たした役割は大きかった。スミスは一六〇九年に、火薬の暴発の負傷の治療のためイギリス本国に戻ったが、一方ポカホンタスは、人質としてコロニーで暮らしたのち、植民者のひとりジョン・ロルフと一六一四年に結婚して、男子、トーマスをもうける。そして翌々一六年には、ポカホンタスは、夫ロルフに伴ってトーマスを連れてイギリスを旅したが、彼女の気品のあるものごしは、当時のロンドンの宮廷貴族の間にセンセーションを巻き起こしたという。また、彼女のイギリス行きの目的のひとつだったスミスと感激の再会をするのだが、スミスは、ポカホンタスが本当に恋をしていたのが自分であるということに最後まで気がつかなかったらしい。

翌一六一七年、帰国の準備中にポカホンタスは病を得てロンドン近郊の港まちグレープセンドで死んだ。二十二歳だった。

他方、ロルフは、ポカホンタスとの結婚前から、本国イギリスやヨーロッパ人の嗜好に合うタバコの新品種をつくっていたが、その導入普及の成功とロルフとポカホンタスとの結婚によってもたらされたインディアンとの平和状況は、ジェームズタウンのめざましい発展を可能にしたのだった。

その後、植民者間の内乱や大火などを経て、ヴァージニア植民地の首府は、一六九九年に、川岸のジェームズタウンからちょっと中に入ったウィリアムズバーグにうつされ、独立戦争時までの八十年間、ウィリアムズバーグが、ヴァージニア植民地の首府としてさかえることとなる。いうなれば、ジェームズタウンあってのウィリアムズバーグであり、ポカホンタスあってのジェームズタウンだったのである。

歴史に「IF《もし》」はあり得ない

そう、だから、「IF《もし》」、ヴァージニアの植民史にちょっともの悲しいがロマンティックな香りをそえるこのポカホンタスがいなかったならば、イギリスのヴァージニア植民はまったく違った様相を呈していたであろうし、そうだとすればヴァージニアの地が生んだ、独立戦争を勝利に導いたジョージ・ワシントン（一七三二／九九）も、独立への情熱を鼓舞したパトリック・ヘンリー（一七三六／九九）も、かの独立宣言の起草者のトーマス・ジェファーソン（一七四三／一八二六）も、アメリカ合衆国憲法の構築者ジェームズ・マディソン（一七五一／一八三六）も、要するにファウンディング・ファーザーズと呼ばれるアメリカ独立の父祖たちの主要メンバーが、みな、欠けてしまうことになる……と見てくれば、彼女は十二分に銅像になるだけの資格要件を充足していると言えるのである。

前日の夜にちゃんと「学習」をしていたおかけで、足かけ二日《ふつか》めのジェームズタウン見物は、順調かつ有意義なものだった。

　だがしかし、何事もすべてよくなることはない。と言うのは、たいていの場合は歴史とかいわく因縁故事来歴について「無ないしは小関心派」であるワイフが、学習の結果として、一転、「根掘り葉掘り的正義派」に変身し、その扱いが面倒になったから。

　例えばいわく、

「ジェームズタウンに来るまでは、アメリカ大陸のイギリス植民はメイフラワー号が最初だとばかり思っていたけど、こっちの方がずっと早いなんて……私だけじゃなくて日本の人はほとんど知らないんじゃない？　やはり世界史の教え方が悪いせいよ。教科書会社に教えてあげなくちゃ。あなただって日本じゃ知らなかったでしょう？」

　実は、私自身もつらつら考えるに、今回の旅行をするまでは、イギリス植民メイフラワー号最初的記憶のもち主だったのだが、それをわざわざ告白して自分の沽券《こけん》をおとし、さらにはまた正義派をいたずらに刺激する必要もないので、

「そんなことおれは前から知ってるよ。だから昨日《きのう》、こゝに来よう来ようって言ってたんじゃないか」

　ということで、格別ワイフからの反論もなく一件落着。

天気がよかったこともあってか、フェスティバル・パークは、前日のジェームズタウン跡と違って、それなりのにぎわいをみせていた。桟橋につながれている三隻の帆船には子供連れが乗り降りし、また、川岸の入植当時のコロニーの再現現場には、丸太と泥との小屋、井戸の類《たぐい》は言うに及ばず、バリケード、おもちゃのような大砲など、さらには処刑場まで備わっている。

ほど遠からぬウィリアムズバーグのたたずまいは、二百数十年余り前のものなのだが、ここジェームズタウンは、それをさらにさかのぼること百年以上前の「文明」の姿なのだ。それにしても、こんな小さな船に乗って、こんな世界の果てまで来て、こんな暮らしをしたあげく、疫病やインディアンの襲撃で死んでいくために、当時の入植者を駆り立てた情熱とは、いったいいかなるものだったのだろうか。ちっぽけな船のデッキとか、あるいは丸太と泥との小屋の中にわれとわが身を置いてみると、戦争ごっこならぬ歴史ごっこ的発想かもしれないが、四百年という時間の差がどこかに消えて、自分自身も、入植者の一員であるようにすら思えてきて、改めてポカホンタスの存在の有り難さに思いを致すのだった。

そして、そこはやはり日本人の私、ヨーロッパの島国イギリスの、新大陸植民事始めの場にわが身を置くと、ひるがえって極東の島国わが日本は、そのころ何をやってただろうかと、つくづく考え込まされてしまうのだった。

そう、もし時代を超えていた感のある信長が光秀に暗殺されずにもっと長生きをしていたら。もし秀吉が朝鮮出兵などせずに諸大名にカリフォルニア植民でも命じていたら（支倉常長は、メキシコ経由でヨーロッパ入りをしている）。あるいはもし関ケ原の合戦で、ドイツ陸軍参謀メッケル少佐の判断のように、西軍がその布陣からして本来当然得てしかるべきだった勝利をおさめていたら……。

我が国の幕末時代に大活躍のポーハタン号

そういえば、わが日本も、直接ではないが、そのポカホンタスと、おおいに関連があったのだった。つまり、一八五二年に就航したアメリカ海軍新鋭外輪フリゲート艦が、ポカホンタスの父親、インディアン大酋長ポーハタンに因んでポーハタン号と命名されたのだが、一八五三（嘉永六）年、四隻の蒸気船で「泰平の眠りをさま」したペリー提督が、翌五四（安政元）年、そのポーハタン号を旗艦とする七隻の艦隊で再訪日し、その際に、日

アメリカ海軍外輪フリゲート艦ポーハタン号（「Wikipedia」より：P244参照）

米和親条約が調印されたのだった。さらに四年後の一八五八（安政五）年に至って、日米修好通商条約が調印されたのも、まさにこのポーハタン号の艦上において、であった。

　ポーハタン号とのご縁は、さらに続き、一八六〇（万延元）年には、日米修好通商条約の批准書を交換するために、正使新見正興、副使村垣範正、監察小栗忠順を代表とする万延元年遣米使節が、このポーハタン号に乗艦してアメリカに派遣された。また、この遣米使節の警護の名目で、木村喜毅を副使とし、勝海舟、福澤諭吉、そして通訳のジョン万次郎らが乗艦する咸臨丸も、随伴派遣されたのだった。

ところで、一八五四年のペリー再来日の際、長州藩士吉田寅次郎（松陰）が、アメリカに渡るべく、仲間とともに同艦にこぎ寄せて、一旦ポーハタン号に乗艦はしたのだが、結局、密航は拒否されて下艦する、という事件があった。そう、ＩＦ《もし》あの時、松陰の密航が成功していたら……長州萩の松下村塾での松陰はなかっただろうから、その後の幕末から明治維新に至る道筋や登場人物も、大きく変わっていたかも知れないな……

いやいや、そんなことをいくら考えてみたって始まらない。野球に「ればたら」はなく歴史に「ＩＦ《もし》」はないのだ。

第Ⅶ話　信条と情熱と狂気と――ハーパーズ・フェリー

「絶景かな、絶景かな。値《あたい》千両とは小せえ小せえ。この五右衛門の目からは、値万両、万々両………」。江戸時代の名代歌舞伎『楼門五三桐《さんもんごさんのきり》』の名場面、南禅寺の山門から、眼下に広がる桜満開の宵、京都のまちを小手をかざして眺めみて、石川五右衛門が言うところのせりふである。

　石川五右衛門をひきあいに出しては申し訳ない気もするが、ハーパーズ・フェリーを語るときにまず登場するのがトーマス・ジェファーソン（一七四三／一八二六）。言うまでもなくアメリカ独立宣言の起草者であり、また、アメリカ第三代大統領としてのみならず、政治哲学、建築、農学などよろずの学問に通じた碩学《せきがく》の人としてその名も高い。そのトーマス・ジェファーソンが、彼自身がその宣言文を起草した一七七六年のアメリカ独立後間もない頃、ここハーパーズ・フェリーを訪ね来て、小高い丘の岩………ジェファーソン・

ロックとして今も残る………の上から、眼下はるかにアパラチア山系の山あいを、右側からシェナンドー川が、左側からはポトマック川が、それぞれはるばる流れ来て、この地であい合して流れゆくさまを、小手をかざして（？）眺めみて、石川五右衛門と同趣旨を述べた。もっともそこはやはり教養人らしくだが。

「なんと素晴らしい。これだけの景色を見るためには、はるかに大西洋を越えて来るだけの価値がある」

楼門五三桐の初演は、アメリカ独立二年後の一七七八（安永七）年、ジェファーソンのハーパーズ・フェリー訪問は、同じくその七年後の一七八三（天明三）年のことであった。

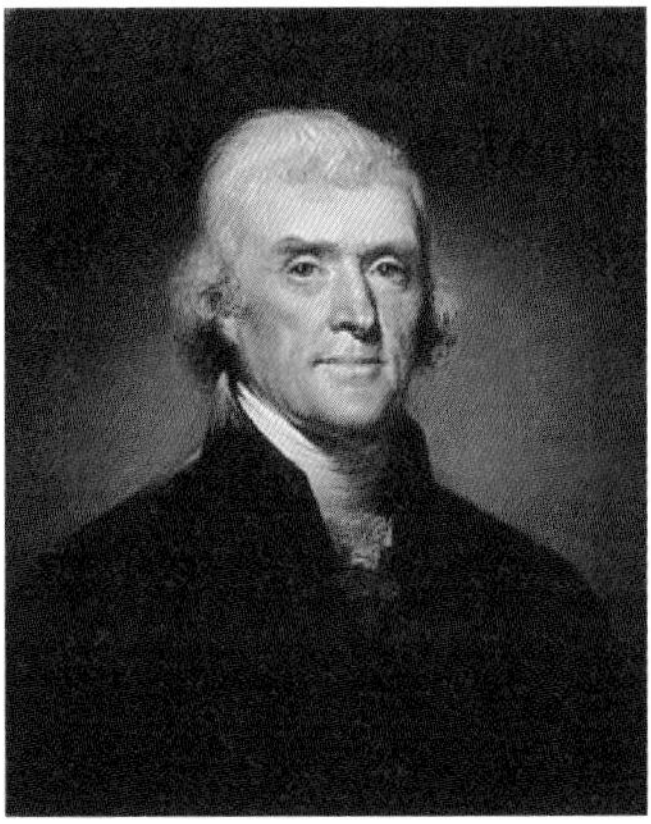

トーマス・ジェファーソン（1743-1826）（レンブラント・パール画：1800年）
（「Wikipedia」より：P244参照）

そのとき以来二百数十年の歳月が過ぎ去った。ハーパーズ・フェリーのたたずまいは、そのときと大きく変わっているとも思えない。もっとも、ジェファーソンがいか

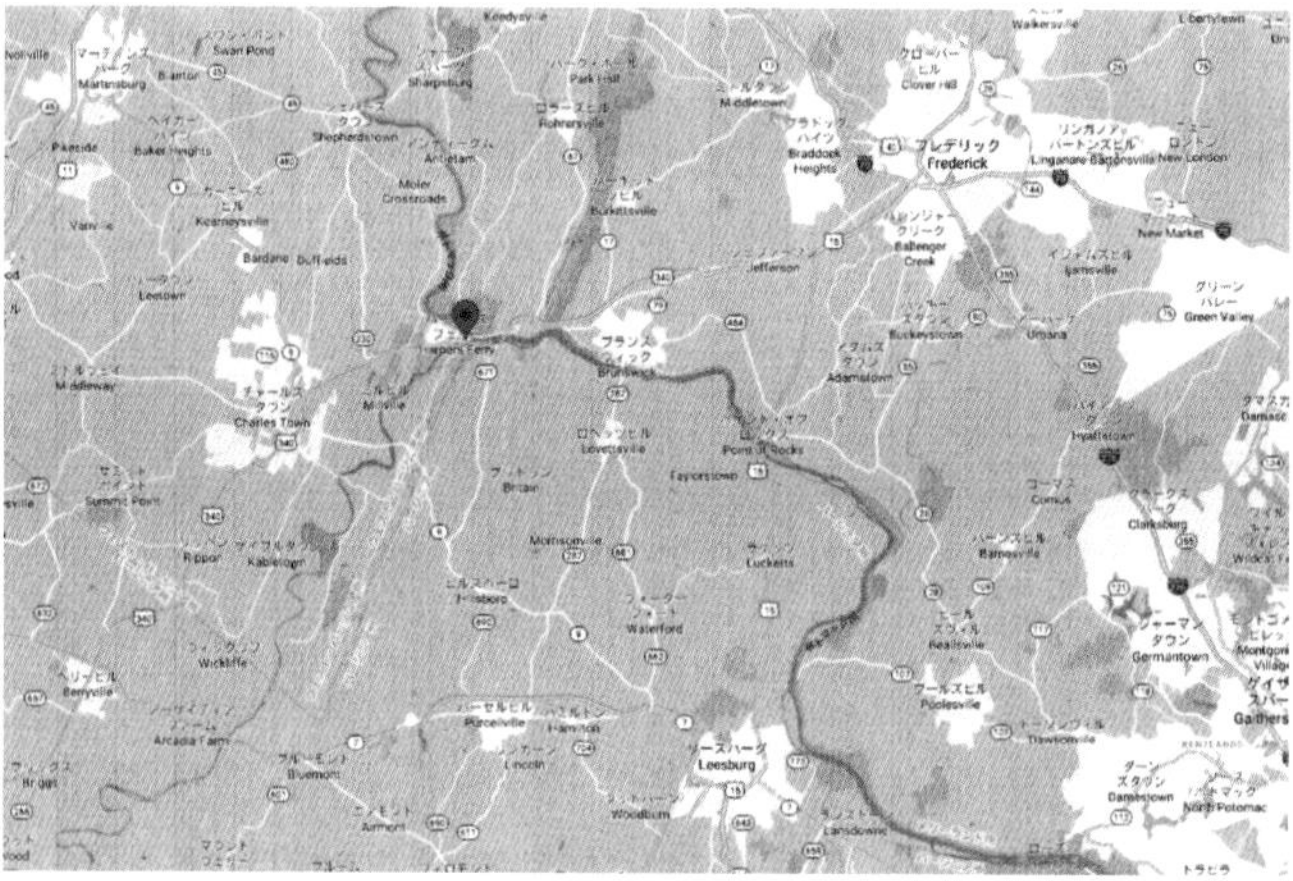

ハーパーズ・フェリー（「Google Maps:2020」より）

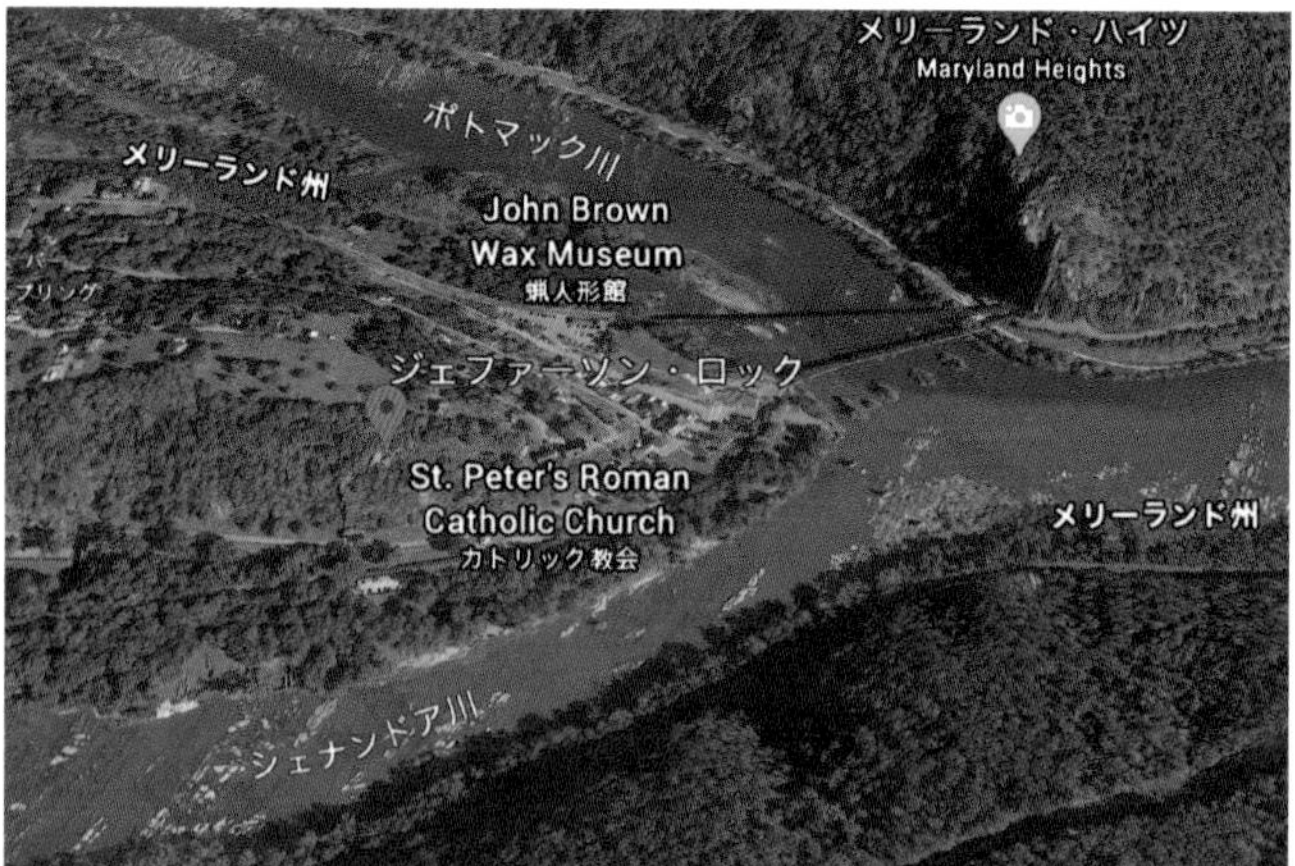

ポトマック川とシェナンドー川が合流する（「Google Earth:2020」より）

に当代きっての教養人であったにせよ、同じ景色をめでるのに、二百数十年前の目と今日のそれとでは、すでにして価値基準に相当の差が生じているのに違いないが。

これをわが日本になぞらえれば、例えば松島があげられようか。この百年ほど前の一六八九（元禄二）年五月のこと、「奥の細道」行脚《あんぎゃ》の最大の目的のひとつであった松島を目《ま》のあたりにして、あまりの感動にか、一句をも残すことをしなかった（できなかった？）松尾芭蕉。そういった故事来歴は知りつつも、現代に生きるわれわれは、松島の景観に芭蕉と同じ程度の感動を抱くであろうか。それと同じことが、ハーパーズ・フェリーとジェファーソンについても言えるかもしれない（もちろん、こう言ったからといって、松島なりハーパーズ・フェリーの自然的景観にケチをつけるつもりは毛頭ないが）。

ただ、ここハーパーズ・フェリーは、松島の場合とは異なって、その自然的景観に加うるに、この地で起こったひとつの歴史的事件のゆえに、そしてまたその結果のゆえに、今日ここを訪れる人びとに、ある種の感慨を起こさずにはおかない。

ただ、私自身について言わせていただくならば、その感慨というものは、アメリカのほかの名所旧跡とはいささか趣を異にして、この場所に似つかわしいというべきか、なにか広々としない、閉じ込められたような、そういった種類のものであった。それはやはり、ジョン・ブラウン（一八〇〇／五九）が主役となってここを舞台として起こった歴史劇と無縁のものではあり得ないからであろう。

ジェファーソン気分で周囲を眺望

ワシントンから距離にして百キロ強、時間にして二時間足らずのところにあるハーパーズ・フェリー……日本なら「ハーパー渡し」とでも言うのか……は、今日でこそ人影もまばらな、ほんの小さなまちとして、人びとの忘却の中に細々と暮らしているが、陸上交通の困難な植民地時代は、奥地と海岸とを結ぶ交通の要衝たる地位を占めていた。また、独立戦争直後には、ここに合衆国陸軍の兵器廠が設けられ、戦略上の重要地点ともなっていたのである。

ワシントンから自動車で二時間足らずの距離だとすると、ちゃんとした一日のツアー行程には近過ぎてかえって行きそびれる、そんなところであるので、私がここを訪れたのも、別にそれほどの事前の知識があったわけでもなし、ちょっとした晩秋の休日の郊外散歩程度、といった軽い気持ちで出かけただけのことだった。ただ、ひとつだけあえて言えば、地図によると、ハーパーズ・フェリーは、ワシントンからごく近距離であるにもかかわらず、メリーランド、ヴァージニア、ウエスト・ヴァージニアの三州がここで州境を接していて、したがってここ一カ所から三州を同時に見渡せる、広いアメリカではまことにもって経済的なところであるという、やや散文的な予備知識ぐらいは持ち合わせていたが。

朝九時過ぎ、ヴァージニア……と言っても最近ではすっかりワシントン・メトロポリタン・エリアの一部になってしまっているヴァージニア北東端のマクリーン在のわが家を出る。車は、晩秋のうら寂しいヴァージニアの平野をただただ西北に向かって一直線にひた走る。

州道の7号線から9号線に抜けてしばらく行くとウエスト・ヴァージニアに入る。ウエスト・ヴァージニアは、もともとはヴァージニア州の一部であったのだが、一八六一年に南北戦争が始まるや、奴隷制維持派である南部連合の言わば総本山の本家ヴァージニアとたもとを分かち、北部連邦に加わって一八六三年に正式に州となった。こういった歴史はあるものの、ウエスト・ヴァージニア州というところは、日本に留学滞在経験があり日本通の、元同州知事で、その後ながらく同州選出の上院議員を務めた、ジョン・ロックフェラーⅣ世氏には申し訳ないが、本当にこれといった特徴のない州だ。私としては、石炭が豊富なことと、それに以前はやったジョン・デンバーの「カントリー・ロード」中に出てきていて、やっと覚えているくらいのものである。
ウエスト・ヴァージニアに入って沿道の周囲がなんとなく貧しげな印象を受けるのは、こちらの先入観のゆえか。

ほどなくハーパーズ・フェリーにつく。車をパーキング・エリアに入れて、まずはともあれ季節がら今どき人の出入りもまばらなヴィジター・センターを訪れる。アメリカのちょっとした観光地には、ほとんど、ヴィジター・センターなるものが設けられていて、そこでその場所についての一般教養が身につく仕掛けになっている。あちこちを回れば、それだけで、諸般、もの知りになるわけだ。tourism《ツウーリズム》が一大産業であるお国柄だけのことはある。

ちょうど昼食時となったので、シェナンドーとポトマックの二つの川の合流点の小高い丘の上に古くからあって、何代めとかの大統領も愛用したという眺望絶佳が触れ込みのヒルトップ・ハウスに入る。折しも、サンクスギビングデーのこととて、メニューの主体はサンクスギビング・ディナー。日本ではあまりおなじみがないかもしれないが、スタッフドローストターキーとクランベリーソース、それにスイートポテトとパンプキンパイ、といった類《たぐい》。左党にとってはあまりぞっとしない中身ではあっても、食事というものはまさにTPOによる。家族一同でサンクスギビングデーの意義を再認識しつつディナーを有難く賞味することとした。

食後、あまり人気《ひとけ》のないジェファーソン・ロックのある丘を散策。お目当てのジェファーソン・ロックにのぼり、ジェファーソンもこうしたのであろうかとばかり小手《こて》をかざして周囲の景観を眺望する。ただし、ジェファーソンと同じように、私たちの場合は「大西洋」ではなく「太平洋」を、わざわざ越えて来た甲斐《かい》があったと思ったかどうかは別である。

ついで、丘をおりてきて、ジョン・デンバーの有名曲、「カントリー・ロード（故郷へ帰りたい）」に出てくる、かのシェナンドー川（Shenandoah River）の川縁で遊んだのだが、その際、ワイフとの間に、以下の如き問答発生。

「あなた、これ、本当にシェナンドー川なの？」

「その筈だよ、ジェファーソン・ロックのところにあった碑銘板にもそう書いてあったし。なぜ？」

ジェファーソン・ロックにて

シェナンドー川の川縁散策

「だって、この川、まるで普通の川じゃない。私、これまで、ほら、ハリベラ（ハリー・ベラホンテ）なんかがよく歌っているOh Shenandoah《オー シェナンドー》をきいてて、シェナンドー川って渡るのも大変なとっても大きな川だとばかり思っていたわ」

「なるほど。そういえば、Shenandoahというのは元々はインディアンの酋長の名前なんだそうだが、あのOh Shenandoah《オー シェナンドー》の歌に出てくるのは、このシェナンドー川ではなくて、ずうっと西の、ミシシッピ川の支流のミズリー川のことかもしらんな」

「あら、そう。なんだか面倒くさいわね。じゃ、私は、カントリー・ロードのシェナンドー・リバーに行ってきた、といえばいいわけね。これからそうするわ」

「そうそう。オレはいつもオリビアさんが歌うのを聞いているんだけれど、たしか、Blue Ridge Mountain, Shenandoah Riverっていってたとおもうな。もっとも、Blue Ridge Mountainの方はずっと遠いようだから、来年の紅葉の頃にでも行くか」

　子供達は、かのジェファーソンの、ジェファーソン・ロックに上がって喜んでいたが、ワイフの方はジョン・デンバーの「カントリー・ロード（故郷へ帰りたい）」のシェナンドー川に会えてすっかりご満足のようだった。

「ジョン・ブラウンは墓の下」

ハーパーズ・フェリーの名所となっているところを一応見終えて道路沿いの小さなまち並みの中にワックス・ミュージアム（ろう人形博物館）があったのでそこに入ってみる。ワックス・ミュージアムも、アメリカの観光地につきものであり、子供だましと言ってしまえばそれまでだが、歴史的人物や有名場面をよく再現していてそれなりに面白い。もっとも、子供だましどころか迫真力があり過ぎて、われわれ日本人にとってはややうすきみ悪いことも少なくない。ジョン・ブラウンの裁判場面や絞首刑の場面などはこの好例と言えよう。

奴隷制撤廃論者《アボリッショニスト》として名高いジョン・ブラウンは、アメリカの歴史のうえで、もっとも毀誉褒貶《きよほうへん》の分かれる人物のようだ。ある人は、その血腥《ちなまぐさ》い過激な行動が南北戦争を惹起する引き金となったと非難し、他方では、のちに北軍の行進曲「ジョン・ブラウンは墓の下」にまでうたわれたように、あくまでも自己の信条に殉じた人として称賛されている。

一八五九年秋に、このハーパーズ・フェリーで起こった事件のあらすじは、こうだ。

この事件の起こる三年ほど前に、カンザス州ポタワトミで息子四人を含む六人の「自由の戦士団」をひきつれ、奴隷制維持派の開拓者集団を襲撃し殺害したジョン・ブラウンは、次いで奴隷による軍隊を組織して山岳に要塞を築くことを企図するに至り、同年十月十六日、解放奴隷を含む総勢二十一人を指揮してハーパーズ・フェリー所在の連邦兵器廠を急襲し、その占領に成功した。

彼此の戦力差を考慮すれば、兵器廠の奇襲成功後、一刻も早く捕獲した大量の武器弾薬を搬出して付近の山地に隠れ込む、これが兵法の常道の筈である……もしジョン・ブラウンがそうしていたならば、政府軍もその鎮圧および掃討に多大の兵員と時間を要したに違いない。

ところが、ジョン・ブラウンは、兵器廠占領後、部下とともにそのままそこに立て込もったのであった。彼は、自分自身のほう起が引き金となって一波万波を呼び、南部全体が燃えさかる奴隷の反乱の炎につつまれると信じていたに違いない。だが、それは、彼自身の頭の中だけに存在していた構図に過ぎなかった。呼応する動きはどこにもまったくなかった。

翌十七日、ロバート・リー大佐（のちの南軍総司令官リー将軍）指揮下のアメリカ連邦軍海兵隊の精鋭一個中隊が現場に急行し、そこで激しい銃撃戦が展開される。戦闘は翌日まで続いた。ジョン・ブラウン側がいかに勇猛果敢であったにせよ、正規軍の、しかも精鋭を誇る海兵隊を相手にしては、戦いの帰すうははじめから明らかであった。息子二人を含む半数以上がひん死の重傷を負って戦闘能力を失い、ブラウン自身も捕らえられて戦闘は終わった。

今は捕らわれの身となったジョン・ブラウンは、ハーパーズ・フェリーから数マイル離れたチャールス・タウンの裁判所で、反逆罪で裁かれることとなる。彼は、法廷で終始一貫、き然とした態度をとり続け、精神異常による免責措置を求めることをしなかった。彼の母、祖母、それにおじ、いとこの多くが精神異常者であったし、また、彼自身にもそのような徴候が見受けられていた由であったのだが。

かくして、ジョン・ブラウンは反逆罪で死刑の判決を受け、同五九年十二月二日、絞首刑を執行される。五十九歳であった。

ジョン・ブラウンは、その死によって奴隷制撤廃論派の偶像となり、一年有余ののちに南北戦争が始まるや、北軍の兵士たちは、「ジョン・ブラウンは墓の下」をうたって進軍を続けたのである。

ジョン・ブラウンは　墓の下
土にかえっていくけれど

その魂は　生きたまま
歩き続ける　いつどこまでも

一日三州旅行

その面影は、ジェファーソンの時代も、ジョン・ブラウンの時代も、そして今もさして変わらぬまま、ポトマック川は、ここハーパーズ・フェリーでシェナンドー川と合して北部メリーランド州と南部ヴァージニア州との州境となって流れくだり、百数十キロ下流で首府ワシントンの西側を画する。さらに二、三十キロくだって右岸のヴァージニア側にジョージ・ワシントンの荘園マウント・ヴァーノンを眺め、リー将軍一族の荘園ストラトフォード・ホールや次いでジョージ・ワシントンの生家などを次々と経て、ワシントンから二百キロほどで川か海か分からぬまま、チェサピーク湾に連なる。ポトマックの語源は、インディアンのアルゴンキン語にさかのぼり、「進貢のまち」という意の由だが、南北戦争にあっては、かのゲティスバーグ大会戦において、北軍の、まさにこの名を冠したジョージ・ミード将軍指揮下のポトマック軍団が、南軍のリー将軍麾下《きか》のノーザン・ヴァージニア軍団を三日間にわたる激戦の末に破り、この戦争の帰すうを決したのだった。

広く、どこまでも広いアメリカ大陸の中にあって、このわずか二、三百キロのポトマック川の流れは、どれだけ多くの凝集したアメリカの歴史を、その右岸のヴァージニアに、そしてまた左岸のメリーランドとワシントンＤＣに、眺め流れ続けてきたのだろうか。

秋も末の半日はまたたく間に過ぎ、日の傾きを気にしつつハーパーズ・フェリーをあとにした。帰路は、せっかくのことでもあるのでメリーランド州側に出てワシントンに向かった。これで、当初の計画である「一日三州プラス旅行」（ヴァージニア、ウエスト・ヴァージニア、メリーランド、それにおまけにワシントンＤＣ）を、走行距離二百数十キロで達成するとともに、思いがけずにアメリカ史の一端をかいま見たのであった。

「今日は、短い割にはいろんなものがみれてよかったわね。」

このコメントが、本日一日のドライビングへの、ワイフからのご褒美であった。

第Ⅷ話　人民の、人民による、人民のための――ゲティスバーグ

もしも私が、「ワシントンで最も素晴らしい眺めは」ときかれたなら、すぐさま、「それは、アーリントン国立墓地の高台にある、アーリントン・ハウスともよばれている、カスティス・リー・マンションのテラスからの、、ワシ、、、、ントン中、心、部、の眺望です」と答えるであろう。

眼下には、訪れる人の絶えない永遠の火ともるジョン・F・ケネディの墓があり、その先は、アーリントン・メモリアル・ブリッジ。この橋は、ワシントンDCとヴァージニア州をへだてるポトマック川にかかっている多くの橋の中でも最も美しい。その向うの端には、ギリシアのイオニア式のよそおいで端正な美しさのリンカーン・メモリアルが樹々の間にみえる。さらにその先は、ワシントン・モニュメントやホワイトハウス。はるかにザ・キャピトル（アメリカ議会議事堂）がのぞまれる。

アーリントン・ハウス（カスティス・リー・マンション）（「Wikipedia」より：P244 参照）

ここからの眺望は、一外国人旅行者にとっても、充分に眼を楽しませてくれるものだ。ただ、すべての景観と同様に、そこにまつわる人物と歴史をより多く知るようになればそれだけ、この眺望は一層の感動を生むようになってくる。

アーリントン・ハウスからの眺望（「Google Earth:2020」より）

一八六一年四月、南北戦争が始まったとき、のちに南軍の総司令官となるロバート・E・リーは、その家族ともども、このカスティス・リー・マンションに住んでいた。アーリントン夫人ともよばれていたロバート・リーの夫人は、初代大統領ジョージ・ワシントンの夫人となったマーサ・ワシントンの連れ子の息子で、のちワシントンの養子となったジョージ・ワシントン・パーク・カスティスの一人娘。アーリントンという地名は、彼女にちなんでいる。そのころも、今と同様、ここからホワイトハウスやザ・キャピトルが、はるかにのぞまれたに違いない。

ロバート・E・リー（1807-1870）
（「Wikipedia」より：P244 参照）

リー将軍は、アメリカ合衆国陸軍（北軍）の指揮要請を断り、合衆国陸軍を辞して南軍に身を投ずる。それは、ジョージ・ワシントン、トーマス・ジェファーソンをはじめ多くの大統領と、そしてリー家と自分自身を生み育てたヴァージニアの大義に殉ずるためだったのであろうか。

以後まる四年の激しい戦争のあと、リー将軍とその麾下の敗残の南軍は、一八六五年四月九日、ヴァージニア南部のアポマトックス・コート・ハウスで、北軍の総司令官グラント将軍に降伏し、ここに南北戦争は終ったのである。

そのわずか五日後の十四日夜のこと、リンカーン大統領は、夫人とともに観劇中に、俳優のジョン・ウィルクス・ブースに、至近距離から後頭部を銃撃され、翌十五日朝、死亡した。

南北戦争の深い傷跡

北軍の人的損害だけとってみても、死者二六万人、負傷者二八万人であった。北軍の従軍者数は、二二〇万人に達したという。敗れた南軍については、信頼すべき公式統計さえ残されていないのである。

まる四年間にわたり、アメリカを、特に南部を中心的な戦場として戦われたこの大戦争の残した傷あとは、深く大きかった。

初代大統領ワシントンの誕生日、二月二十二日、は、一八八五年より連邦法定祝日であったのだが、ジョー・バイデンが第四十六代となる歴代大統領のなかでワシントンとともに最も偉大な大統領と目されているリンカーンの誕生日、二月十二日、は、北部の諸州では祝日であっても南部諸州ではながらく非祝日であった。このため、一九六八年にいたって、連邦議会は、二月の第三月曜を、「誰の」と特定しない、法定祝日「大統領の日」としたのだった。

また、南軍の総司令官とはいえ、広くアメリカ人の敬愛を集めていたるロバート・E・リー将軍の市民権が回復されたのは、一八七〇年の彼の死後百年以上を経過した、一九七五年のことであった。

ポトマック川にかかるアーリントン・メモリアル・ブリッジは、その西端に位置する南軍総司令官ロバート・リー将軍ゆかりのアーリントン国立墓地内のカスティス・リー・マンションと、その東端にある第一六代大統領アブラハム・リンカーンを記念するリンカーン・メモリアルとを、まさにブリッジ（橋渡し）しており、その意味からいって、南北戦争で傷つき、分断された北と南との再統合の象徴でもあるのだ。

ゲティスバーグ会戦

当時のアメリカの人口三千万人ほどのうち、北軍、南軍を合わせて二百万人ほどの動員

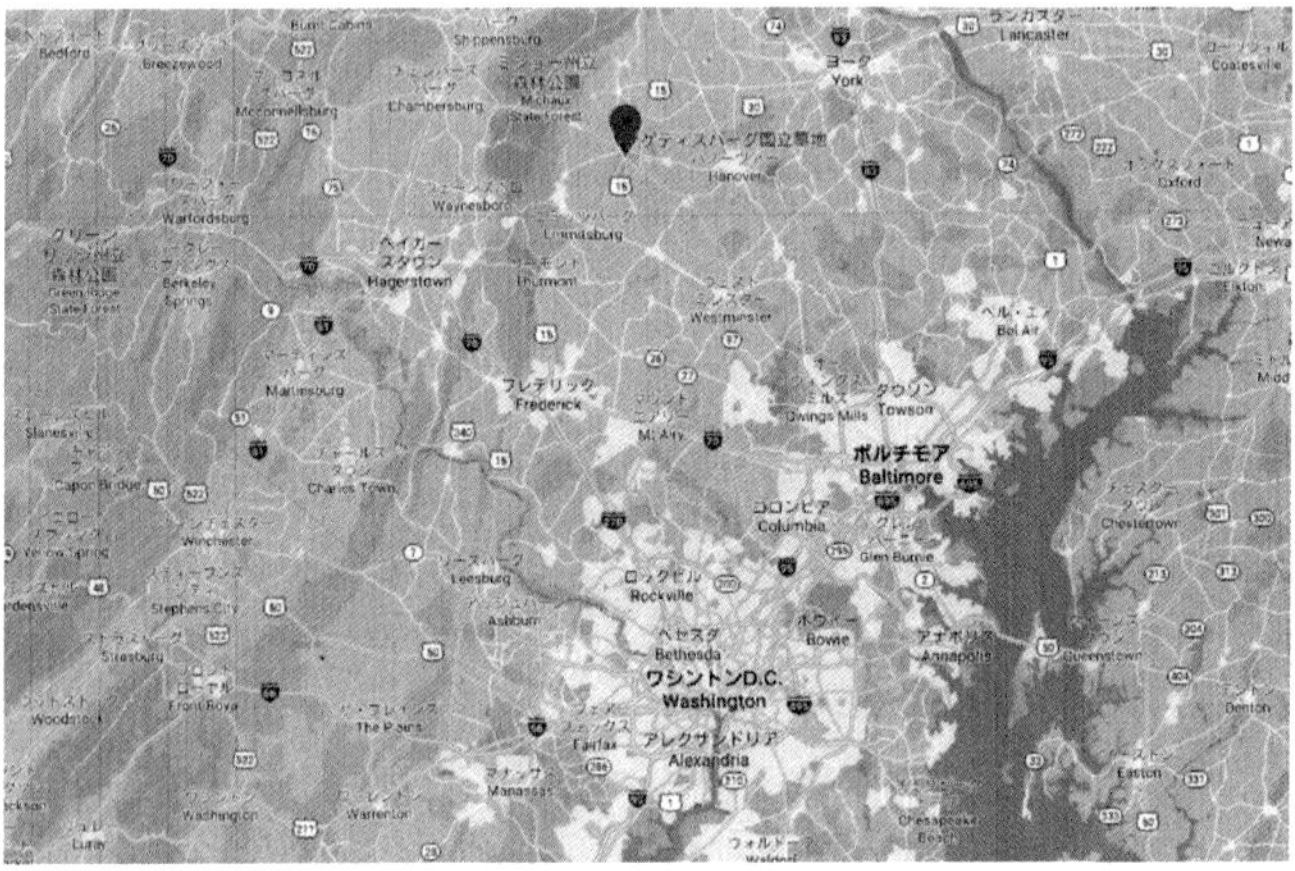

ゲティスバーグ（「Google Maps:2020」より）

兵力でまる四年戦われた南北戦争は、数多くの戦史を生んでおり、また、今もって戦跡の調査や史料の収集も進められている。しかしながら、どれか一つということになれば、その規模からいっても、またその劇的性格からいっても、ゲティスバーグ会戦に優るものはない。

ゲティスバーグは、ペルシルベニア州の南端で、ワシントンからは北方約百キロ余、車で二時間ほどのところにあり、平地と低い丘陵とが入り混じった地形である。一八六三年七月一日から三日までの三日間、ここで、南北戦争の命運を決めた一大遭遇戦が戦われたのだった。

南軍は、七万五千の兵力を擁するリー将軍

麾下のノーザン・ヴァージニア軍団、他方、北軍はわずか数日前リンカーン大統領によって任命されたジョージ・ミード将軍の指揮する八万八千の兵力のポトマック軍団であった。戦いに偶然はつきものであるが、歴史上名高いゲティスバーグの戦いも同様で、その始まりは偶然の所産だった。

そのとき、北部諸州の分裂動揺を画するため浸透作戦を開始し北上中であったリー将軍指揮下のノーザン・ヴァージニア軍団の一部隊が、靴を徴発すべくゲティスバーグ近辺にさしかかったところ、そこで北軍の騎兵部隊と遭遇して戦闘が開始され、両軍とも、戦闘兵力をつぎつぎと投入し、ついに広い平野と丘陵とを舞台とする予期せざる一大会戦となっていった。

戦いは、南軍のたび重なる攻撃を北軍がよく守るという形で一進一退となり、次第に消耗戦の様相を呈してくる。戦いは三日目となったが、その日の午後、リー将軍は、前日あらたに戦線に到着したばかりでそれまで温存していたジョージ・ピケット少将指揮下の一万五千のピケット旅団に、セメトリーリッジ（墓地カ丘）攻撃を命ずる。これがのちのちまで「ピケット・チャージ（ピケットの総攻撃）」とよばれる名高いものだが、運命の星は、ここでリー将軍を見捨てたのだった。ピケット旅団は、その勇猛果敢さにもかかわらず、

ゲティスバーグ国立軍事公園博物館（「Google Earth:2020」より）

数時間の激戦ののち、兵力の三分の二を失ってついに撃退されるのである。
その夜、リー将軍は、傷つきはてたノーザン・ヴァージニア軍団のたてなおしをはかるべく、南方への退却を決意する。そして、このゲティスバーグの戦い以降、二度と再び、南軍が北部にとっての脅威となることはなかった。この戦いの戦死傷は、北軍一万七千名、南軍二万名であった。

今日、小麦畑と樹々の生いしげる丘陵地が入り混じるゲティスバーグ・ミリタリーパーク（軍事公園）を訪れ、平地や丘の随所に建つ兵士像や記念塔などの戦跡を見歩くとき、百数十年以上も前に、いま自分がここにいる

永遠の火灯る平和記念塔（「Google Earth:2020」より）

平和記念塔前にて

軍事公園での兵士像

リンカンのゲティスバーグ・アドレス記念場（「Google Earth:2020」より）

この地で行なわれた戦闘場面が耳に聞え、目に浮ぶ思いがする。そして、歴史に「もし」はありえないとは知りつつも、「もしピケット・チャージが成功していたら」、などといった感慨にふけるのであった。

ゲティスバーグの名を不朽にした演説

しかし、ゲティスバーグの名を不朽のものとしたのは、そこで南北戦争の帰趨を決する戦闘が行なわれた、ということだけではない。一八六三年十一月十九日、激戦の四カ月ほどのちのこと、ここゲティスバーグの地で、北軍三千百名、南軍三千九百名の戦死者のための国立墓地の開場式が挙行された。国立墓地は、ゲティスバーグの戦いの中でも最激戦地であったセメトリーリッジに位置し、そこに集まった約一万五千の人びとを前に、当時名《な》代《だい》の雄弁家エドワード・エベレットが二時間にわたって感動的な名演説を行なった。リンカーンが演説したのは、その直後だった。それが、われわれ誰もが知っている、リンカーンのゲティスバーグ・アドレスだったのである。

後世の人は、歴史的に名高いシーンに、劇的性格を求める。戦塵のあと未だ完全に消えやらぬゲティスバーグのセメトリーリッジ、そこでのリンカーン大統領の演説は、さぞかし感動的だったはずであろうと。

アブラハム・リンカン（1809-1865）（「Wikipedia」より：P244参照）

しかし、事実はそうではなかったようだ。ときおり、お義理程度の拍手があっただけで、当時のカメラマンが、面倒な器械を調節して大統領の写真をとるいとまもなしに終ったと伝えられている。それは、たった二七〇語の演説だった。翌日の新聞論調などのこの演説に対する評価もいろいろだった由である。

しかしながら、時がたつにつれて、この短いゲティスバーグ・アドレスは、その内容として有している民主主義についての基本的思想の故に、これまで英語で書かれた文章の中でも最高のものと目されるようになってきた。あまりにも有名な、government of the people, by the people, for the people の一〇語をその中に含む、たった二七〇語の演説が、である。

他方、その翌日、新聞という新聞がひとしく賞讃を惜しまなかったといわれるエベレットの二時間にわたる感動的な名演説を今は知る人とてないのは、まさに歴史の皮肉というべきか。

歴史の歯車を戻してみれば

再びセメトリーリッジにたたずんで、今度はピケット・チャージの戦闘場面ではなく、リンカーンの演説のことを考える。そうすると、リンカーンが、百数十年前の、しかも日本人である自分にとって、外国人であるアメリカ人であることがむしろ不思議に思えてくるのだった。それは一体なぜなのか。

ひるがえって当時の日本をみると、南北戦争開始直前、ロバート・E・リーが夫人とともに現在のアーリントン国立墓地のカスティス・リー・マンション（アーリントン・ハウス）に住んでいたころ、一八五八（安政五）年には、日米修好通商条約が調印され、また

リンカン記念堂中のリンカン座像（「Wikipedia」より：P244参照）

翌一八五九（安政六）年は安政の大獄の年で、吉田松陰、橋本左内、頼三樹三郎らが処刑されている。また、その次の一八六〇（万延元）年には、大老井伊直弼が桜田門外で暗殺された。ゲティスバーグ・アドレスが行なわれたちょうどそのころ、地球のこちら側の日本の京都では、新撰組の初代隊長芹沢鴨が暗殺され、ご存知近藤勇が新しく隊長となって猛威をふるい始めていたのだった。

このような時代対比をしてみた上で、もしタイムマシンがあったとして、現代日本に生きるわれわれが、たとえばリンカーンと井伊直弼とに話し会う機会があったとすれば、どちらとより話が通じるであろうか——もちろん、英語、日本語の問題は別として、であるが。第一、government of the people, by the people, for the people と全く同じ発想が、「国政の権威は国民に由来し、その権力は国民の代表者がこれを行使し、その福利は国民がこれを享受する」と、日本国憲法の前文に書き込まれているのだから。

このように考えてみたところでつくづく感ずるのである。それは、かの国における民主主義的発想の基盤の歴史的な強固さに敬意を表すべきか、それともまた、わが国における社会思想の発展速度に、日本人として自ら感嘆すべきなのか、と。

第IX話　南部の栄光の終焉――アポマトックス・コートハウス

車は百キロを超すスピードで、ゆるやかに起伏するヴァージニアの平野を南西に向かってひた走りに走る。十一月ともなると、彩り鮮やかな紅葉の季節もまた一年後のお楽しみとなってしまって、樹々の色合いはいっせいに茶褐色へと収斂《しゅうれん》していく。沿道は、林と牧野と畑との繰り返し。ときおり数戸のいかにも貧しげな黒人集落が散見されたりする。道には、中央分離線がひかれているほかは標識は一切見当たらず、起伏に応じて上下するほかはまことにそっけなくただただまっすぐに地平までのびている。行き交う車とてない。

朝ワシントン郊外のわが家を出てからもう二時間ぐらい、こうやって「懐かしのヴァージニア」の大地をひたすら単調に走っている。

「あとどれぐらいあるの？」

単調さにたまりかねたかのように、ワイフが尋ねる。

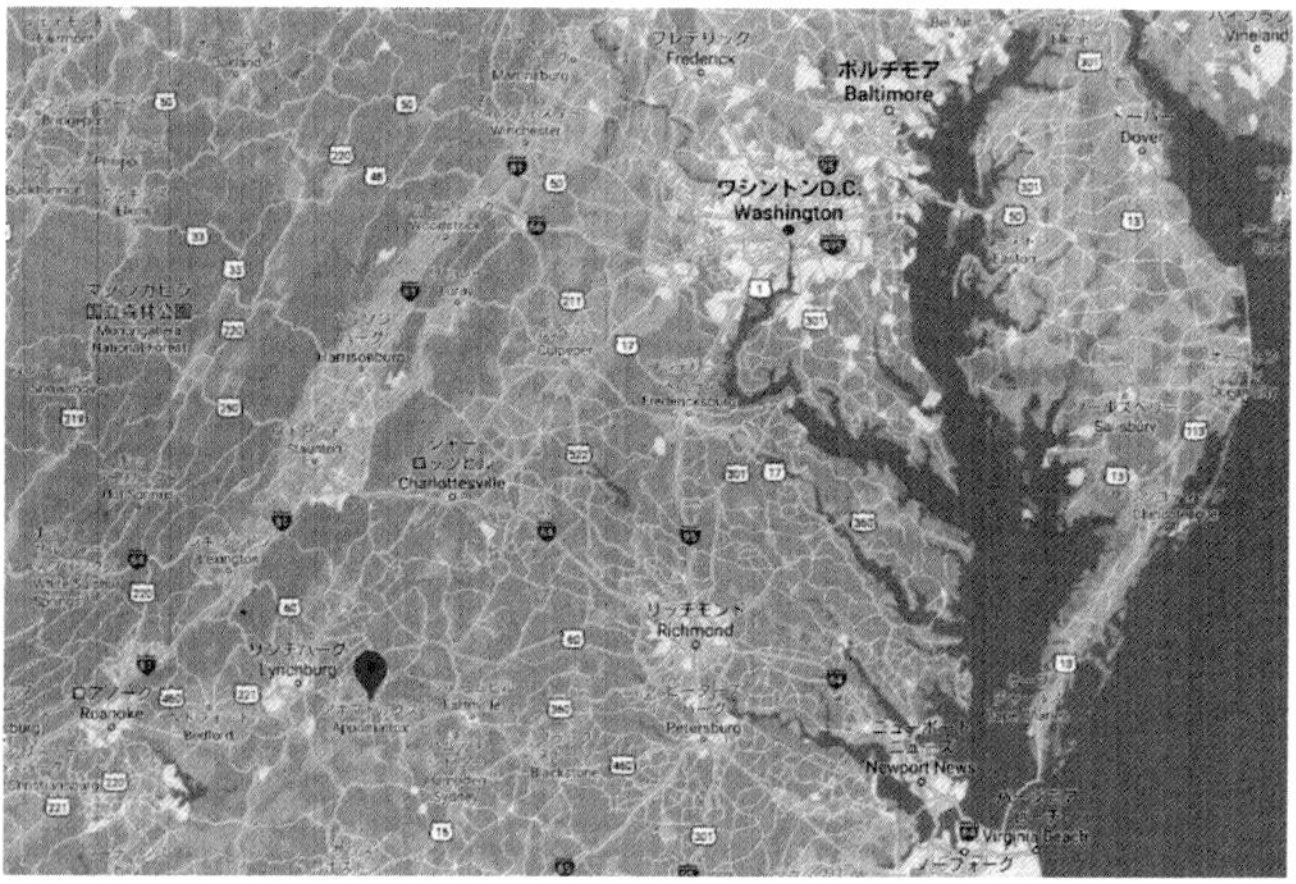

ワシントンDCからアポマトックスへ（「Google Maps:2020」より）

「あと、小一時間ぐらいかな。地図をちゃんと見といてくれよ。いつも言ってるだろ、車を運転しながら地図を見るわけにはいかないんだから」

「それはそうだけど。で、何というところに行くんだっけ」

「アポマトックス・コートハウス。ヴァージニア州の地図の下の方のまん中へんをよく見てごらん」

「アポマトックスなんて変な名前ね。何で有名なところ？」

栄光のヴァージニアびいき

　ワシントン勤務となって、たまたま、DCからポトマック川を渡ったヴァージニア、マクリーンに居をかまえたばっかりに、住むほどに心情的にヴァージニアびいきになっていったが、ヴァージニアは確かにひいきのしがいのあるところである。ひとつには、もちろん、恵まれた自然と景観ということもあるのだが、今ひとつは、やはりなんといっても、ニューイングランドよりも古い、イギリス植民の伝統と歴史が随所に残されていることにもよる。特に独立戦争を大きなふしめとする初期アメリカにあっての、ヴァージン・クイーンと言われたエリザベス一世にその名をちなむヴァージニアの国力は大変なもので、このことは、アメリカ独立当初の五人の大統領、ワシントン、アダムズ、ジェファーソン、マディソン、モンローのうち、二代目のアダムズを除く四人がヴァージニア出身であることからもうかがえる。その栄光に輝くヴァージニアにとって、悲劇の転機となった南北戦争がやってくる…………。

一八六〇年十一月の大統領選挙でリンカーンが辛勝するが、翌六一年に入って事態は急転回を遂げ、二月から三月にかけて南部諸州は次々と合衆国から脱退して南部連合を組織していった。この動きを最終的に決定づけたのが、一八六一年四月十七日、大州ヴァージニアの合衆国からの脱退と南部連合への加盟であり、ここに至って北部連邦（Union）と南部連合（Confederacy）の軍事的対決も不可避となるに至った。

南北戦争は、ほぼ丸四年の間、北はペンシルヴァニア、西はミシシッピ川よりもさらに西のルイジアナ、ミズーリなどを含む広大な地域で、南北双方で四百万人を動員して戦われたが、主戦場となったのは、州都リッチモンドがそのまま南部連合の首府となったわがヴァージニアの地であった。なにしろ、北部の首府がそのまま置かれていたワシントンと南部の首府リッチモンドの間はわずかに百五十キロ、現在なら、車で二時間の距離。「いざ、リッチモンドへ（On to Richmond!）」は、南北戦争の四年間を通じての北軍兵士の合言葉であったのだ。

現に、朝わが家を出てからほどなく、数十分のところでブルランという小さな川を渡ったのだったが、南、北両軍間のはじめての本格的戦闘が一八六一年七月行われ、南部、北部の双方に、これから戦っていかねばならぬ戦争というものが、ロマンティシズムやヒロイズムの対象ではなく、骨肉相はむ苛烈きわまる近代戦、総力戦、消耗戦であることを予告したのも、まさにこの地であった。

人口二千百万と工業力を具備する北部に対するに農業が主産業で黒人奴隷三百万を含む人口九百万の南部。いかに南軍が善戦敢闘するといえども、例えば小銃の日産能力五千挺対三百挺といった数字に端的にあらわされている彼此《ひし》の国力の差は、戦いの日を経るにしたがって、いかんともなし難かった。なにか私にとっては、自分も幼かりしときに直接経験した太平洋戦争を彷彿《ほうふつ》とさせるものがある。

悲劇の名将リーは、一八六三年夏、情勢の一大転回を計るべく、乾坤一擲《けんこんいってき》、兵力七万五千のノーザン・ヴァージニア軍団をひきいて、北部侵攻作戦を開始する。同七月一日、ペンシルヴァニア州の南の端のゲティスバーグにおいて北軍ジョージ・ミード将軍指揮下の八万八千のポトマック軍団と遭遇、三日間にわたる会戦の末、七月三日夜、戦いに敗れてヴァージニアに向けて撤退する。それ以後、南部の軍事行動は、北部にとって真の脅威となることはなく、もっぱら防御戦に終始せざるを得なくなった。

局地戦闘においていかに勇戦奮闘するといえども、南軍にとって戦争の月日は容赦なく過ぎゆき、兵員、武器弾薬、食糧の不足はいかんともなし難く、一八六五年に入るや、その決定的敗勢をくつがえすすべはなかった。

一八六五年四月二日から三日にかけて、リッチモンドとピータースバーグが相次いで陥《お》ち、戦い敗れたリー将軍は、西方から迂回して南軍のうちただひとつ残されたノースカロライナ在のジョンストン軍と合流すべく最後の努力を試みる。他方これを阻止するためアポマトックスに向けて兵を進めつつあった北軍総指令官グラント将軍は、陣中から、リー将軍に当てて降伏勧告の書簡を発し、その中で「これよりさらにまた多くの血を流していかねばならぬ責務を私の肩より取り除いてくれ」と訴える。
　ヴァージニアが連邦を脱退し、北部と南部とが戦火を交えてからすでに四年、栄光につつまれ精強を誇ったノーザン・ヴァージニア軍団も、今や敗残とはなってリー将軍にしたがうその数わずか八千、夜ともなれば追走する北軍の焚《た》く野営の篝火《かがりび》がリー軍の四方を囲んだ。文字どおり刀折れ矢尽きたリー将軍は、もはやこれまでと意を決し、翌四月九日朝、アポマトックス・コートハウス近辺に陣をかまえるグラント将軍のもとに軍使を送って降伏の意向を伝えせしめる。同日午後、南、北の両総指令官は、それぞれの幕僚とともに会見し、リー将軍が降伏文書に署名して長く激しかった南北戦争はその幕を閉じたのだった。時《とき》あたかも棕櫚の日曜日《パームサンデー》。その場所こそが今行こうとしているアポマトックス・コートハウスである。言わば、アメリカ版「水師営」(註)とでも言うべきか。

(註) 旅順郊外の小村で、日露戦争当時の旅順要塞陥落の際、一九〇五年一月五日、乃木、ステッセルの日・露の両将軍の会見の場となったところ。

マクリーン・ハウス近辺（「Google Earth:2020」より）

一見どこにでもある歴史的広間

車はやっとそれらしきところにたどりついた。時間はとっくに十二時を回っている。道路からちょっとした誘導路を通って駐車場に車を入れ、あたりを見回す。

「なあに？　ここがほんとにその何とかっていう有名なところなの？」

これがワイフの第一声である。

晩秋のうららかに晴れた休日だというのに、駐車場はがらあきで、あたりに人影はほとんどない。まばらに生えた樹々の中に、建物が五、六軒、ぽつんぽつんと点在している。地図によれば、確かナショナル・パークということになっているのだから、ゲティスバーグ・ミリタリー・パークほどではなくとも、いくらなんでももう少し舞台装置が立派であってもよいはずだが。それとも場所を間違えたわけではないだろうな。それはそうと、もうさっきから車の中で子供たちが腹がへったと騒いでいたが、まさか食事をするところぐらいはあるだろうな。

何はともあれ、一番めぼしい建物に入ってみると、そこは、マクリーン・ハウスと呼ばれていて、ちょっとした広間がある。どうやらここは、間違いなくアポマトックス・コートハウスで、この建物のまさにこの広間こそが両将軍会見の場であった。

「なあにこの広間。普通の家とちっとも変わらないじゃない」

ワイフの言を待つまでもなく、水師営の会見が行われた「弾丸あとも著く、崩れ残れる民屋《みんおく》」と違って、そこにリーとグラントの両将軍のイメージと長く激しかった南北戦争の思いを込めなければ、それは確かに、どこにでもある普通のリビングルームに過ぎなかった。

だが、それは、それなりのわけがある。南北戦争の歴史の偶然は、自分の家で戦争が始まり、自分の家で戦争が終わるという人物、ウィルマー・マクリーンを生み出した。と言えばややまゆつばに聞こえるが、事実は小説よりも奇なりで、実は一八六一年七月のワシ

マクリーン・ハウス（旧）（「Wikipedia」より：P244 参照）

マクリーン・ハウス（現）

ントンから二十キロ余り南西のブルランの戦いの際、当時そこに住んでいたマクリーンの農園が南北両軍対峙の最前線となっていて、前線巡察中の南軍の将軍と参謀がマクリーン家で昼食中に北軍の砲弾が飛来、さく裂したのが両軍の戦闘開始の発端となった。

その後、マクリーンは、戦火を避けてブルランを逃れ、ワシントンからもリッチモンドからもはるかに離れたここアポマトックス村に農場を買い入れ、そこで平和裏の数年を過ごす。そして六五年四月九日の朝、道を歩いていたマクリーンを灰色の軍服の若い将校が呼び止め、リー将軍がグラント将軍と会見するにふさわしい場所の有無を尋ねる。マクリーンは、はじめは南軍のマーシャル大佐と名乗るその将校を、つかわれていない裁判所庁舎コートハウスに連れていくが、そこはマーシャル大佐の受け入れるところとならず、そこでマクリーンは、コートハウスのすぐ近くの自分の家に案内し、その広間が両将軍の会見の場所と決まったのである。

会見は、四時に終わり、両将軍はそれぞれ馬にまたがってマクリーン家から去っていった。グラント将軍の降伏条件は、前月四日に行われたリンカーンの大統領第二期就任演説——with malice towards none and charity towards all——の趣旨を体した寛大なもので、兵士は特赦（parole）されて自分の馬とともに故郷に帰り、そのうえ将校は、拳銃、指揮

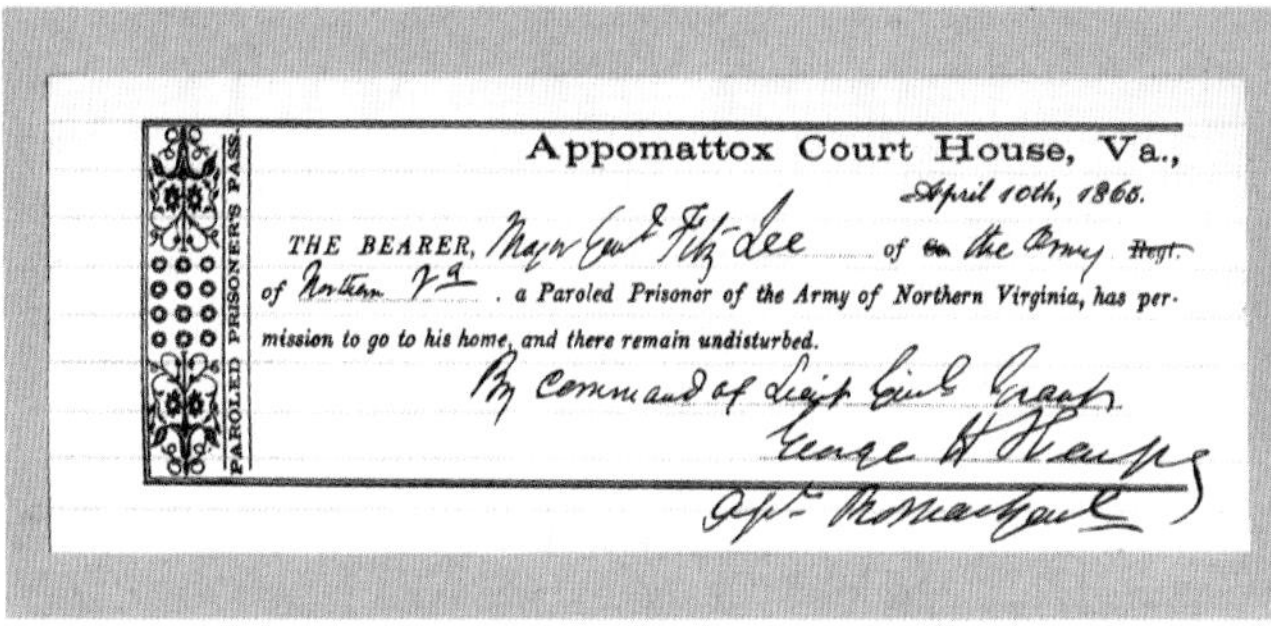
PAROLED PRISONER'S PASS.

Appomattox Court House, Va.,
April 10th, 1865.

THE BEARER, Maj Genl Fitz Lee of the Army Regt. of Northern Va . a Paroled Prisoner of the Army of Northern Virginia, has permission to go to his home, and there remain undisturbed.

By Command of Lieut Genl Grant
George H Sharpe
Asst Provost Marshal

南軍兵士への赦免状

刀の保有すら認められた。

　それにしても、思えばちょうど四年前の春のこと、北部連邦からの北軍指揮の要請をリー将軍が受け入れていたならば……南北戦争はもっと早くに終結し、そしてもちろん、アポマトックス・コートハウスがアメリカの歴史にその名をとどめることは永遠になかったに違いない……。

　両将軍の会見の場所であったマクリーン・ハウスを出て、すぐ近くのコートハウスに行ってみる。現在では、ミュージアムになっていて、南北戦争当時の南北両軍の武器や軍装の類がそのまま陳列されているのだが、北軍の装備に比しての南軍のそれのあまりの貧弱さに、ヴァージニアびいきの心はまたも痛むのだった。

だが、心情的に南軍の一員である私にとって、敵は正面の北軍だけではなかった。私は重大な反乱に直面しかけていたのだ。

ワイフの言い分は、「何時間もかけてせっかくはるばる来たのに、家が数軒あるだけで、面白くもなんともない。来てしまったからには仕方がないから、ここはさっさときりあげて、別のもっと見がいのあるところに行きましょう」というもの。おまけに子供たちは、「お腹《なか》がへった、はやくどこかで何か食べよう」とせめたてる。

どうやらここアポマトックスでは観光客が食事をする仕掛けさえないのであった。まさか南軍の兵士たちのひもじさをともに味わえという趣旨でもあるまいが。

といった次第で、せっかくのアポマトックスを早々にしてきりあげ、ちょうどリー将軍が、飢えた将兵に糧秣《りょうまつ》を補給しようとして目指しつつ、途中グラント将軍に捕捉されて到達し得なかったリンチバーグでレストランでも探そうかと車をとばした。

今に至るもわが家で話題が及ぶたびに、アポマトックス・コートハウスは、「せっかく何時間もかけて行ったのに、家が数軒あるほかは何もないあの面白くないところ」と片づけられてしまう。アポマトックスに行こうと言い出したのは私だし、確かに何時間もかかったし、家が数軒あるだけだったし、したがってこういった言にいちいち抗弁することはあえてしない。

だが、かの松尾芭蕉を見よ。「夏草や つわものどもが 夢の跡」の詩情だって、下世話に言えば、北上川の支流の、一級河川、岩手県衣川の堤外に雑草の生い茂るさまを見て詠んだものに過ぎない。名所旧跡なるものも、そこにまつわる故事来歴を心の中で再構築してみてはじめて、鬱勃《うつぼつ》たる詩情がわいてこようというものだ。

とは言うもののこれまたいささか力《りき》みすぎ的発想かな。なぜなら、本当に行く前からあ、いい、いいところと知っていたら、わざわざ行く気になったかどうかと聞かれれば、正直言って本人としてもやはり首をひねらざるを得ないからだ。

閑話休題（二）プレジデントとセクレタリー——米語暮らし雑考

アメリカの地に住まいするにあたり、「英語を知っているから暮らせる」わけではないし「英語を知らないから暮らせない」わけでもない、と知るべし。

この後者のケースの武勇伝（どういうわけか女性の方が多いから、「勇婦伝」と言った方がベターかもしれないが）は、ワシントンにおいても、古来、数多い。一例をあげれば、魚屋に行って、ひらめを指して、さてここが大事なところだが、日本語で、「このひらめいくら？」って大きな声で尋ねたら、間髪を入れずに「ファイブダラーズ」と返事が返ってきた、という話がある。同じように勇ましい話としては、確か横文字は一切駄目なはずなのだが、そこは動物的かんとでも言おうか、ワシントン市内中、どこの道をどう行って、どこをどう曲がって、という具合に、何不自由なく自動車を運転していた………スピード違反をしても、つかまえたポリスの方がお手上げになるのだから立派である……そういった猛者《もさ》ならぬ猛婦《もふ》の話を伝え聞くと、電話のベルが鳴るたびに、ハッとばかり身がまえる、われとわが身が情けなくなってこようというものだ。

もっとも、わが大和撫子《やまとなでしこ》の名誉のために、その多様性につき、あえて付言すれば、これまた英語はまったく話せないのだが、その人柄ゆえにアメリカ婦人に大いに好かれて、よく二人で一緒のときを過ごし……もちろん、男性のことではなく、女性同士のお話であるので念のため……そんな折に、何か特別に具体的な相互理解の必要性が生じたときは、これがまさに名案と言うべきであるが、英語および日本語の双方を解する共通の友人のところに二人で電話をかけ、その電話の相手に通訳をしてもらう、そういう心あたたまるお話も聞いた。

こういった話の延長線上をたどっていくと、「語学は心臓である」とか、「語学は人柄である」とかいった説《せつ》が出てくるのであるが、しかしかかる説は、何の因果か生まれつき、心臓や人柄がせいぜい人並みかそれ以下という自覚症状のある、私自身をはじめ多くの平均的日本人男子にとっては、あたかもかつての「軍人に賜りたる勅諭」のごときひびきを与えるに過ぎないのである。

心臓や人柄の問題は別としても、アメリカの場合、特別に変わったものでないかぎり、食べものはスーパーで、日用品類はドラッグストアで、ほとんど全部が間に合い、しかもこれらはみな、セルフサービスであるからして、英語をひとことも発することなく、買物をし、暮らしていくこともできないわけではない。しかるにまた一方、思いをめぐらすと十二、三歳の幼かりし折から「アイアムアボーイ」に始まって英語を習い、時としては英米人にとってすら難解と言われる大学入試英語を突破し、大学でも、やれモームだハクスレーだロレンスだグリーンだといった具合に、英文学に親しまされ、卒業後も、好きであろうが嫌いであろうが、深浅は別としても、何かと英語とのお付き合いを続け、改めて指折り数えてみるに、十年、二十年のキャリアがあるはずなのに、おそるおそる電話をかけて、相手の秘書嬢に、「ソーリヒーズオンジアザラインアィルコーユーライトバッククドアィゲッチュアナンバ」などとたたみこまれて、何がどうなっているのやら、何をしてよいのやら、はたとつまって二の句がつげない、というのも、これまた平均的日本人男性のいつわらざる姿でもあるのだ。

仕事上のことはさておいたとしても、アメリカで「生きて」いくためには、日本にいたときにはまったく考えてもみなかったような言葉を覚えなくてはならないのだ。例えば、アメリカにおいて生存の必須条件であるところの車、その車を動かすためのガソリン入れ、となると、好むと好まざるとにかかわらず、ガス・ステーション（ガソリンスタンドは和製英語か？）のボーイズとの会話が不可欠となる。ところが学生アルバイトならまだいい方で、ハイスクールのおちこぼれ《ドロップアウト》もたくさんまじっているに違いないこれらボーイズに、「満タン頼むよ」って英語で何と言えばいいか。和英辞典など持ち出してみたってのっているはずもなく、そこは何としても先輩諸氏にノウハウを教えてもらう以外はない。正解は、「フィラアッププリーズ」なのであるが、こういった言葉は、なんでそう言うのか、どんなスペルなのかといった、余計な知的せんさくは当面あと回しにして、とにかくこれを「音」として、ドロップアウト君の耳に理解せしめなくてはならないのである。

　まあ、こういった類《たぐい》は、いわゆる実践英語の最先端に位置するのであろう。「満タン」がかくも思いもよらぬ言い方をするのであれば、「タイヤがパンクした」と言うのは何と言うのであろうかとあらかじめ調べてみたら「アィヴガットアフラットタィア」と言うことが分かったのだが、最近のタイヤはめったにパンクするものでなし、たまたまパンクしたときには自分でタイヤの脱着をやってしまったから、せっかく覚えた「アィヴガットアフラットタィア」は、一回もつかわないでしまった。

ところで先ほどの実践英語「フィラアップ」につき解説するに、これは、fill'er up と綴《スペ》る。日本人的発想からすれば、tank full とか fill up ぐらいが考え得るせいぜいのところであり、かつまた fill'er up と fill up ではどちらも同じようなものではないかと思いがちであるが、それこそ日本人的発想である。どうしてか、と言われると話はまた長くなるが、まず「音」的に言っても、fill'er up は三拍で、fill up は二拍である。また、文法的に見ても、fill は自動詞ではなく他動詞であるから目的語を必要とし、この場合の目的語は自動車で、それが her であらわされ、元来 fill her up という命令形の fill her が fill'er となっただけであるから、fill'er up が正しい用法となる（her を it にしても問題はない）。実践英語といえどもこれをつめていけば、いつも文法的に正しいのがしゃくの種。子供たち同士の会話を聞いていると、いつも三人称単数現在には、ちゃんと s が入っていて、そんなときにはなんとなく自分が情けなくなってくるのと同じである。

それから、これも「生きて」いくうえで不可欠の、例えば旅にしあって朝食《ブレックファスト》を頼むときのこと。最近ではアメリカン・ブレックファストも日本人にとってすっかりなじみのものとはなっているが、そうではあってもつきものの通常二個の卵料理はこと面倒である。つまり、卵料理と言えば、ボイルド、フライド、スクランブルドの三つに大別されるのだが、最後のスクランブルドを除いて、前二者がトラブルメーカーとなる。つまりボイルドを頼めば、How many minutes?（何分ゆでますか）と予想外の質問がくるし、フライドを頼めば、サニサイドアップ……いわゆる目玉焼き……か、オーバーイーズィー……両側焼き……か、を明確にする必要がある。昭和二桁といえども一桁にかぎりなき近き身の私とすれば、武士は食わねど的発想をいくらかはもち合わせているし、それに第一、片側焼きだろうが両側焼きだろうが、そのどちらも格別好きでもなければ嫌いでもない。要するにこういった瑣事《さじ》はどうでもよいことだし、考えることすら面倒である。といった次第で、かの地での旅行中はスクランブルドばかりオーダーすることとなった。

　しかるになんぞや、最近わが家《や》の中において、少年時代をかの地に過ごした愚息となると、人の女房に対して大きな顔をして「なんだサニサイドアップか。そんならぼくはいらないよ」などと言い出す。世間並みに息子には甘いワイフはすぐに、「じゃオーバーイーズィーつくるけど時間ある？　サニサイドアップの方はじゃおとうさん食べてよ」、ってな具合で、自己主張をしないばっかりになんとなくいつも損をしているような気がしてくるから妙なものだ。

話が横道にそれたが、こういった日常わが身の回りで起こってくるもろもろの事態に対して、適切に対応していくためには、英語そのものの知識が必要であることはもちろんであるが、それとともに、何をしたら何が起こるかという、事柄の展開についての予測能力の有無が問題となってくる。そして、予測能力を高めていくためには、もちろん、アメリカ人の一般的行動様式や、生活態度の観察と把握が必要なのだが、私自身を含めたわが平均的日本男子諸公は、そもそも、日本においても、日常、生活上の諸雑事の処理を、普段あまりやりつけていないものだから、いざ戦時に及ぶと、まことに残念ながら、戦闘能力においてきわめてよわいということになりがちである（これまでの日本の社会的環境のもとで、日本男子は、一般的に過保護に育てあげられているがゆえに、外地にあっての「武勇伝」を聞くことはほとんどなく、もっぱら「勇婦伝」が幅をきかすことになるのであろうか）。

英語が難しいのは易しいから

だが、人間社会は複雑である。比較的単純明快のごとく見えるアメリカ社会といえども、日本社会と比べて、「複雑多岐」のあり方が異なるにすぎないのではないか。そうだとすると、単に「生きていく」ための次元の英語の知識と、ひとりの知性と教養とを備えた人間が、その知性と教養とを満足させつつ、全人間的な生活をおくっていくための次元の英語の知識とでは、いったいどれくらいの懸隔《けんかく》があるのであろうか。

そういったときに思うのである。逆説を述べて申し訳ないが、英語がかくも難しいのは、英語が易しいからではないか、と。

一例をあげてみよう。

時は、二〇××年一月××日、アメリカ合衆国大統領が、同下院議長の招きによって国会議事堂《キャピトル》を訪れ、年頭教書を演説することになっている。舞台は、キャピトルの下院本会議場。議場は、これも下院議長の招きにより、いわゆる「政府のえら方」をはじめ、各国大使、上院議員諸公、それに、招待する側の下院議員諸公……客が多くて席が足りないから、その多くは立っていなくてはならない……

で埋めつくされている。

そこに、大統領閣下が、下院のドアキーパーに案内されて入場してくる。ちなみに、ドアキーパーを日本風に言えば「門番」ということになるのだが、この「門番」氏、日本語のもつ含蓄《コノテーション》とは違って大変えらい。そのえらいドアキーパーが、一声《ひとこえ》高く、The President of the United States と、威厳をもたせて叫ぶのである。そこで総員起立、いわゆる standing ovation と言われる拍手をおくる。大統領は、右に左に、会釈をしながら、演壇に向かっていく。

大統領が演壇につき、アメリカと諸外国の………つまり世界中の………顕官をはちきれんばかりにのみ込んだ下院議場は、一瞬、静まりかえる。

大統領は、彫琢《ちょうたく》をこらした年頭教書の原稿を取り出し、やおら、次のように始めるのだ。なお、冒頭の Speaker は、本席のホスト役たる、下院議長のことである（なお当然のことながら、Mr. は男性で、女性の場合は Ms. となる）。

Mr. Speaker, Mr. President, distinguished guests, ladies and gentlemen.

さてさてそこで問題は、この出だしそのものである。

Mr. Speakerについては先ほど述べた下院議長のことだからよいとして、自分自身が、Presidentである大統領が、何故《なにゆえ》Mr. Presidentと言わなければならないのか。かかる基本的な疑問にぶちあたり、聞くは一時の恥、とばかり、周囲の有識の日本人先輩諸公に尋ねてみた。それなりにうがった諸説とりどりであったが、どれも今いち、肯綮《こうけい》に中《あた》る感がなかった。かかるうえはやむなく、今度は有識のアメリカ人に尋ねて得た答えは、単純かつ予想外のものであった。

正解は、このMr. Presidentは、通常は行政府にあって、Vice Presidentを務める副大統領のことを指している、とのことなのだ。それでは何故に、このようなVice President = Presidentといった妙な等式が成立するものであるか。答えは、「憲法上の規定」による。すなわち、アメリカ憲法第一条第三項中に、日本語翻訳では「合衆国副大統領を上院議長とする」という規定があるのだが、英語原文ではまさにThe Vice President.....shall be President of the Senate...... となっている。ただし、but shall have no Vote unless they be equally divided...... となっていて、下院議長と異なり、通常の事態であれば、慣習上、必ずしも実際に上院に出席して議長役を務めたり、また投票も行わない、言わば名目的な役割ではあるのだが（重要案件で票決が賛否同数ということもあり得るといった際に、タイブレーキングボートを投じるため自ら出席して議長役を務めることも勿論ある）。

このように、実質的か名目的は別として、合衆国憲法上 Vice President ＝ President という等式が成立しているがゆえに、アメリカ議会に招待された行政府の長たるアメリカ合衆国大統領は、アメリカ議会の上、下院のそれぞれの長に、しかも一方は実際には行政部門における自分の直接の部下であるにもかかわらず、先ほどのように、Mr. Speaker, Mr. President…… と敬意を表しなければならないこととなるのである。

ところで、この「上院」というところは、アメリカにしてはまったく珍しいことに、古くからの、そしてわれわれからすればどうでもいいような伝統なるものがいろいろと残されているようだ。例えば、上院本会議場の各議員の机（百人のそれぞれが全部決まっている）の上には、今ではだれもつかいはしない鵞ペン時代のインク吸い取り用砂壺が依然として置かれたままになっている。どこかの国の灰皿と違って幸いにして砂壺を投げ合ったという話は聞かないが、今では文鎮《ぶんちん》がわりにつかっている人も多い由である。そしてこれまた古きよき時代の名残としては、議場の入り口近くの棚にうるし塗りの箱が置かれ、その中には、今はだれも使わないのに、新鮮な嗅ぎたばこがいつもいっぱい入れられている由である。文字どおり「旧套《きゅうとう》墨守《ぼくしゅ》」といったところか。

アメリカ憲法の諸規定に無知であった点についてはいさぎよく反省し、今後アメリカ学の一層の研鑽にはげむとして、もうひとつついでに八つ当たりをすれば、大体において英語が易しすぎるのがいけないのだ。副がつこうがつくまいが、「大統領」という語と、「議長」という語がイクォールであるということがそもそもけしからぬのではないか。しかもことはそれだけにとどまらず、会社の社長さんだってPresidentなのだから、同じ用法をもってすれば、日本中至るところでお目にかかる、妻君が副社長で弟が専務などといった零細法人の社長氏も、英語で名刺をつくったならば、アメリカ合衆国大統領閣下と、まったく同じ称号をおつかいいただける、ということになるのである。

いかにアメリカとはいえ、合衆国の「Vice President＝副大統領」はさすがにひとりしかいないが、会社などあって、社長は一会社ひとりでも、「Vice President＝副社長」が複数おかれていることもよくある。

そして、これは実際にあった話だが………何をかくそう愚妻のことだから間違いない………さるパーティーでのこと、そろそろパーティーもたけなわとなったころ、彼女がパーティールームの門口に立っていると、そこにまあ背もそう高いわけでもなく、なりから言っても容貌からしても、ごくあたりまえの、しかし確かどこかで見たような気のする初老の男性が入ってきて I can't pass by this charming lady without shaking hands. I'm Vice President.... と言ったというのだ。なお、この前段のごとき表現《エキスプレッション》は、アメリカ人男性の常套句であって、別に愚妻を特別にほめたわけでもなんでもないので念のため。

そのとき彼女は、少しもあわてることなくVice President of what? と聞き返したというから、これも、是非、ワシントン勇婦伝の最後のページくらいにはのせておいてもらいたいほどである。

聞くときは少しもあわてなかったのだが、握手をしながらむこうさまから、Very glad to see you. My name is Nelson Rockefeller, the Vice President of the United States.... と言われ、そのときはじめて、血のめぐりの決して早い方でない愚妻も、いささかあわてたそうである。

それもこれもみな、もとをただせばpresidentなる語が、あまりにも易しく汎用性に富むがために起こった喜劇と言うべきか。

でも、同じ易しい言葉であっても、presidentはまだしあわせだ。「大統領」の同族は、法人成りだろうが何だろうが、一国一城のあるじたる「社長」さんなのだから。

日本であるならば、当然に「国務大臣」であるとともにその所轄において「〇〇大臣」と呼ばれてしかるべきアメリカの「〇〇長官」は、英語で言えば「Secretary of 〇〇」であって、通常「Mr. Secretary」と呼びかけられる。だが、せっかくそう呼びかけられても、残念なるかな「secretary」は、それこそアメリカ中、いかなる小さなオフィスに行っても、電話とタイプライターとともに必ずおられるのでありまして、その数まさに何千万をもって数えるべきものなのである。日本語で「ベーカー国務長官」などというと、なにか随分とえらそうに聞こえるが（実際にえらいからえらそうに聞こえて然るべきだが）、「国務長官」は単にSecretary of StateであってSecretary Bakerなどと言われてみても、格別えらそうに思えないのである。確か毎年春だと思うが、アメリカではNational Secretaries' Weekなるものがもたれるのであるが、この週間は、何も国への功績大なる「長官」各位に敬意をあらわすのではなく、どこにでもある職場《オフィス》のボスが自分の秘書嬢《セクレタリー》に、プレゼントを贈ったりディナーに招待したりして、日ごろのご苦労をねぎらうためのものである。

話題が堅苦しくなって恐縮だが、アメリカ議会の下院で最重要の委員会はWays and Means Committeeであるが、これなどは日本的に言うと、ほんとにや、ま、と、こ、と、ば、的で、なかなかにして漢字の訳名が浮かんでこない。行政府の機関でもEnvironmental Protection Agencyなどは漢語的で、環境保護庁と、すぐ日本語訳ができるのであるが、the Committee on Wellpreparednessなどというのに出くわすと、ややっとばかり首をひねり、その所掌事務を何回も見直し、それが日本語的には、緊急事態対応委員会とでも言うべきか、などと考えて、なるほど英語にはこんな言い方もあるのかと感心したりもするのである。

三権分立の観点から、立法、行政のほか司法の分野も眺めてみても、juryが「陪審」であることはよく知られてはいるが、grand juryとなると、単に数が多いというだけでなく、起訴、不起訴を決める、言わば検察機能のチェック機関なのである。

またjuryには、foremanがおり、これもきちんとした日本語にすれば「陪審長」などと、いかにもいかめしくなってしまうのだが、foremanそのものの語感としては、班長か、もっとくだけた組頭《くみがしら》といったふうのものである。ついでに、最近のアメリカの俗語にhonchoという語があるが、これは、日本語の「班長」が語源とのことである。

さる日本の高名な哲学者がドイツを旅し、みやげものの人形店に入って売り子に「ここで人形を買えますか」と尋ねたところ、Selbstverstaendlich!………通常「自明の」といった訳がなされるが、この場合は「決まってるじゃない」ぐらいの意か………という答えが返ってきて、「ああさすがカント、ゲーテの国ドイツは違う。店の売り子までが哲学用語を自由に駆使する」と感激したという笑い話があるが、この笑い話を、他人《ひと》ごととして素直に笑える人はしあわせである。

話を日常生活の分野に戻せば、「易しすぎるから難しい」という逆説は、ますますその妥当性の程度をますようだ。getのつかい方などは外国人にとっては論外であるが、checkぐらいの言葉でも、「小切手」になったり「勘定」になったり、「格子縞」だったり「王手」だったり。また、checkoffは天引きで、checkoutは………

ときりがないのである。

漫画のセリフは全文大文字

さらに難易の問題をさかのぼると、「アルファベット」そのものにいきつく。われわれ日本人の場合は、書き英語と言えば小文字に慣れていて、大文字の羅列にはきわめて弱いのが通常である。何かの機会に、大文字だけで書かれた文を読まされると、一語一語スペルを確かめながらでないと、なかなか一気に読みくだせたものではない。ところが英（米？）語の本場アメリカでは、どうやら大文字書きになんの抵抗もないどころか、子供たちは大文字の方が読みよいのか、例えば漫画《コミック》のせりふは、ほとんど全部大文字書きだし、広告や交通標識、それにプラカードや落書きなど、小文字を見つけるのに苦労するほどだ。しかるになんぞや日本人である私など、故ハンフリー副大統領の大きな大文字タイプで打った演説原稿を見て変に感心したものだが、高速道路で THRU TRAFFIC とある標識を見て、これを瞬時に through traffic と認識するのは、やはり相当な英語慣れが必要だし、逆に、大文字だ小文字だなんてことが、いちいち気にならなくなれば、英語暮らしも相当板についたと言えるのではなかろうか。

昔から「習うより慣れろ」といわれてはいるが、ネイティブでない私としては、やはりそこは「慣れつつ習え」が正解じゃないかと思うに至っている。

第X話　子供たちの黄金郷《エルドラド》——フロリダ

毎年、長い夏休みが終わって、九月の第一火曜日から全米で一斉に新学年が始まると、二カ月ぶりに再会したアメリカの学童たちは、楽しかった夏休みの思い出を語り合う。

そんなときに、たとえ東洋人《オリエンタル》であろうとも、鼻の高いのがフロリダに行ってきた子供たち。

そう、そこには、東京の山手線の内側よりもまだ広い敷地の、世界に冠たる子供たちのメッカ、ディズニーワールドをはじめ、やれサイプレスガーデンだ、やれシーワールドだと、およそ子供たちの喜びそうなところが、フロリダ半島のほぼ中央に位置するオランド近辺に、いっぱい散在しているのだ。

それだけではない。世界中の科学好きの子供たちにとって、フロリダ半島東岸にあるケネディ宇宙センターは、いつかは訪れるべき憧れの地であるし、紅樹林《マングローブ》とフラミンゴに象徴されるフロリダ半島先端の広大な亜熱帯湿原エヴァーグレーズ・ナショナルパークは、自然愛好者にとって、これまた忘れることのできない存在となっているのだ。

といったわけで、まだフロリダに旅せしことなきアメリカの子供たちの黄金郷《エルドラド》願望は、いやがうえにも高まっていき、そのまま放置すれば、やがて臨界点に達しかねまじきこととなるのである。

そうだとすれば親心、せっかくの子供たちの願望なれば、これを早くかなえてやればいいじゃないか、ということになるのだが、そこはそこ、いかに現代のものとはいえ、黄金郷は黄金郷、遠きがゆえに貴いわけで、まずワシントン近辺からであれば、往復五千キロにも達する自動車の旅程を覚悟しなければならないのだ。

五千キロとひとくちに言うが、直線距離にすれば、東京からシベリアはバイカル湖を通り越した先ぐらいはあり、毎日、朝から晩まで、ハンドルにしがみついて一千キロずつ車を走らせても、それだけで丸五日はかかってしまう計算。

であるから、フロリダ旅行とひとこと軽く言ってはみても、その実行は、時間とそれに「金」とを要する、一大遠征《エキスペディション》とならざるを得ないのである。そのうえさらに、このオペレーションは、女房、子供の足弱連れであるがため（そうでなくては、そもそもこの旅行は、最初から存在しない）、日々の作戦行動が、それだけ、制約を受けたものとなることを覚悟しなければならないのだ。

さてさて、人のことはさておいて、私自身のことについては、いつかいつかと、子供たちに何年間も言い続けてきているうちに、諸般行事が重なって例年になく忙しく、休暇もとれなかった夏もとっくに過ぎて、来年の夏には、もう、帰国予定の身とはなって、秋も深まっていくころともなれば、いかに口約束とはいえ、子供たちに振り出してある手形を、そろそろ回収しなければならない段階に立ち至った。さもないと、日本に戻ってから一生恨みごとを聞かされなければならないかもしれないのである。

といったわけで、先人の知恵なども参考にしながら、「牛に

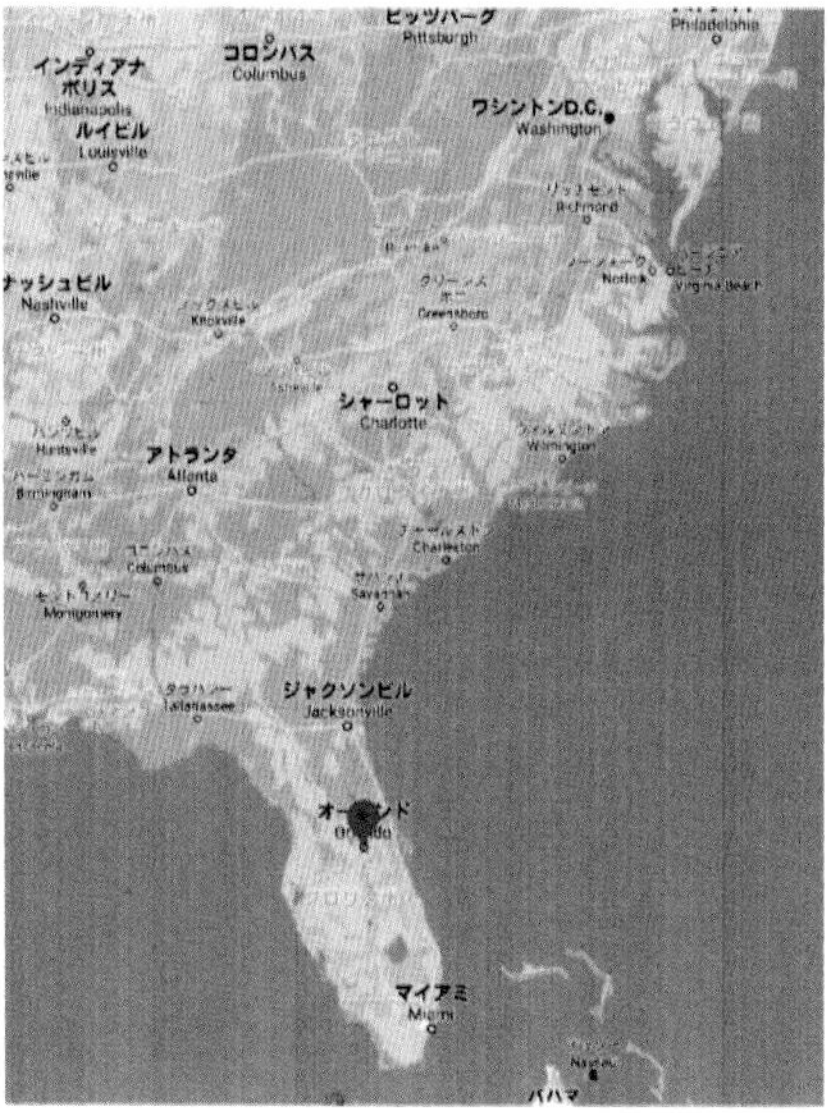

ワシントンDCからフロリダへ
（「Google Maps:2020」より）

引かれて」ならぬ、「子供にせがまれてフロリダ旅行」の一大作戦計画の立案作業に入ったのだった。

まずは作戦期間であるが、作戦開始日は、土曜日とし、作戦終了日を翌週の日曜日とする九日間とする。なお、十一月の第四週は、木曜日が感謝祭休日であるので、この週をつかえば、正味の休暇は四日で済むというわけだ。

次の問題は、言わずとしれた「金」。必要経費を分類すれば、ガソリン代、宿泊費、飲食料費、入園・入場料等、諸雑費、などになるわけだが、こうやって並べてみると、この中で一番に伸縮度があるのは、やはり飲食料費と目される。

そこで、総経費をできるだけ小さくするために、この費目をどうやって縮減するか、ということになるのだが、この点になると、やはり親に感謝すべきか、「日本人」に生まれ育ったという事実が、俄然《がぜん》、ものを言ってくるのだ。つまり、米と電気釜、缶詰、インスタント味噌汁にカップヌードル、それに湯沸器、おまけにワシントンへの訪問客がせっかく日本から持ってきてくれたお茶やらのりやら、たらこを冷凍しておいたものやら。

それに無原則的和洋折衷で申し訳ないが、これぞメイド・イン・アメリカの見本みたいに大きな携帯用アイスボックスに、氷と野菜、くだもの、飲料をいっぱいに入れ、要するに親子四人の、朝と晩との一週間余の分の飲食料品を、これもアメリカの大型車の、そこが取り柄のでっかいトランクに、うんとこどっこいとばかりに積み込む。氷は、行く先々の宿泊するところでタダでいくらでも手に入るから心配は無用。

もっとも、特に夕食を、泊まったホテルの自室で、飯を炊きおかずをつくって済ませるといった図式は、もちろん、第一義的に費用節約的配慮より出ずるものではあるが、さらに副次的には、時間節約的効果をも見逃し得ない。つまり、旅のさ中にあって、その晩泊まるホテルを予約してさえおけば、夜更けの何時になってそのホテルに到着しようが、平気なわけだ。

それにひきかえ、ホテル付属のレストランとなると、何時がラストオーダーなのか何時が閉店時間なのか分かったものではないし、それにいざ食べるとなれば、それほどうまいわけでもないのに、「金」のほかにも、ご存じのごとくに時間と気ばかりかかってしまうのである。

やっぱり頼りは電気釜

旅行中の、とある夜の八時近く、その日の予定を、とにもかくにもようやくこなして、その日の朝の出発時にあらかじめ予約しておいたホリデーインについた、としよう。

まずはフロントで名を名乗って、予約しておいた部屋のキーをもらい、ついでに、子供用に簡易可動ベッドを持ってきてくれるよう頼んでおく（これは、十ドル程度の使用料で借りられる）。

それから、車をまわして、なるべく泊まる部屋に近いところに駐車する（たいていは、平屋か二階建てで、部屋の前が駐車場となっている）。これはひとつには自分の車が見えていた方がなんとなく安心だということもあるのだが、そのほかにも、結構かさばる夕食と翌日の朝食用の食料品と炊事用具の運搬の便ということもある。

次いで、キーを差し入れ扉を開けて、今晩家族一同が過ごすこととなる部屋の様子を確かめ、みなが行動開始。

まずは、食料品と炊事用具を、手分けして車から下ろして部屋に運び込み、ワイフと娘とが食事の用意。

私と息子とは外回りで、まだ開いている近くのスーパーに出動して必要物資を調達したり（もちろん、ビールやぶどう酒だけは忘れない）、あるいは貸洗濯機で汚れたものの洗濯をする。

家族一同の共同作業が順調に進行する中で、チェックインして一時間もすると、ワシントンから持参したカリフォルニア米は、電気釜の中でおいしく炊きあがり、味噌汁に缶詰にサラダにくだものに、そして、たらこにお茶。当然、食前には、長途の運転の疲れをいやすべく、ちょっとばかりアルコールをいれる。

といった具合で、旅にしあってもなんら不自由するところがないのだ。そう、これこそ、単に栄養のバランスだけではない。あらゆる面を総合した、「日本型食生活」の優秀性を物語る好例と言わずして何であろう。

だがしかし、日本型食生活の優秀性を、いかに自分自身でいまさらながら体感しようとも、炊事施設のない部屋で（もっとも、電気のコンセントはちゃんといくつもついているから、電気釜、湯沸器などの使用には、構造的になんらの問題もないのだが）、飯を炊き茶を沸かしているのは、どうやらわれわれだけのようである。

金がない、時間がない、というのは本末転倒であって、本来は、持てる金、つかえる時間に合わせた旅行計画を立てるべきではないか。旅の本来の目的は、日常的なあわただしさから解放されて、のんびりとあちこちを回り、ゆったりとしてうまい食事を食べたりする、つまりは、そういった日常性からの優雅な脱却にあるのではないか。

しかるになんぞや、今、私のやっていることは、同じ日常性からの脱却ではあっても、とてもとても「優雅な」という形容詞を冠せられる種類のものではなく、あえて当世風の表現を用いれば、「セコイ脱却」とでも言うべきものではないか。しかし、これまたつらつら考えてみるに、こうしたセコさこそ、日本経済の発展を支える原動力となっているのでは……と、思いはとどまるところを知らず展開していく。

「あれ、停電?」

せっかく、電気釜がゴトゴト音をたてているというのに、部屋の明かりが突然消えた。

「おい、ちょっとほかを見てごらん」

と息子に偵察を命じたのだが、外に出た息子の報告は、

「ほかは、みなついているよ」

とのこと。

念のため、バストイレを点検してみると、こちらの方はちゃんとつく。さてはアメリカではまことに珍しいことに、ヒューズがとんだのかな。

部屋の照明全部のほかに、テレビに電気釜に湯沸器と、何でもかんでも一緒につなげば、

さしも大容量のアメリカのヒューズもたまりかねてとんでしまった（という表現は、非現代日本語的、オジン的であって、正しくは、ブレーカーが作動したと言うべきか）のも無理からぬこと。

ささてそこで、私は、

「フロントにこれをレポートしてすぐブレーカーを直してもらおうか」

と提案したのだが、普段は何事によらず強気のワイフが、

「でも、部屋で炊事をして電気が故障したのだから、もしかしてどこか壊れていて損害賠償に修理代をうんと取られたらどうする？」

と、罪の意識にかられてか、珍しくも弱音をはく。

私としてみれば、たかが電気遮断器が作動しただけだとは思うのだが、部屋には、すでに炊飯の匂いが立ち込め、レポートしてフロントから原因を追及されれば、状況証拠われに利なく、損害賠償請求訴訟乱発風潮の現代アメリカにあっては、ワイフの心配もまったくの杞憂と決めつけるわけにはいかない。それに幸い、バストイレの電気は別系統とみえて、「異常なし」であるので、バストイレの扉さえ開けておけば、ひと晩、別に明るさにそれほど不自由しない。

といったわけで、そろそろ自炊にも飽きてきた折しも、ちょうどよかったとばかりに、切れた電気はそのままにしておいて、その晩はみなでそのホテルのレストランに食べに行くことにした。

だが、せっかく与えられた機会だというのに、メニューはビフテキとか、チキンなんとかといったお定まりのものばかり（ただし、量だけは、やたらに多い）。注文したものは、なかなか到着せず、さはされども周囲を見渡すと、ウイークエンドだからであろうか、結構、紳士淑女連が着飾ってお召しあがりになっておられて、私たちのごとき長途の旅路の子供連れは、一応あわててネクタイなどを締めてきているとはいえ、なんとなく落ちつかぬ思い。

そんな時間を過ごしたあげく、最後に勘定書きの合計額を見て、いかにセコイかどうかは知らないけれども、明晩からはやはり自炊に戻ろう、ただし、言うまでもないが、電気の過重負荷だけはみなで十分気をつけよう、と日本人的決意を新たにするのだった。

食っては寝、そして車を走らせる

食べることも一大事業ではあるが、車を走らせることもまた大変。広いアメリカにあっては、「観光と云うは、車を走らせることと覚えたり」という葉隠れ的表現がぴたり当てはまる。

例えば、である。ワシントンからディズニーワールドのあるオランドまでは、約一千五百キロ。一日では、どうやっても無理で、まずはたどりつくだけで二日がかりとなってしまう。

だから、第一日めは、とにもかくにも走りに走り、目的地オランドをできるだけ手近に引き寄せておくしかない。そうすれば、二日めは、まだ日のあるうちにオランドにつき、子供たちに憧れの地ディズニーワールドのにおいぐらいはかがせることもできる。

といったわけで、第一日めは、インターステート95号線を、何時間も何時間も、ハンドルを握ってアクセルを踏んだまま、ただひたすらに南下。

あーあ、この調子だと、それでも往《い》きは、わがフロリダ派遣部隊の士気がまだ高いからいいようなものの、復《かえ》りの途は、さぞかし遠いことだろうな。

ときおり、私の車を追い越していく車もあるが、つられてアクセルをふかしてみてもはじまらない。なにせ、一千キロと言えば、時速百キロ余りの速度で、十一、二時間は走り込まなければこなせる距離ではないのだから。

隣の助手席のワイフはと言えば、もうしゃべり疲れているはずなのだが、それでもときおり、単調さのあまりに運転手に眠り込まれてはと心配してか、たいして意味のないことを話しかけてきて、私も眠っていない証拠に、これに適当な返事をしなければならない。そのうちに、子供たちが、やれ、トイレに行きたい、のどが渇いた、腹がへった、などと言い出す。それに、ガソリンの補充も必須。

休憩場や給油場で車を止めるたびに、十分、二十分のタイムロス。こういったタイムロスも、たび重なるとばかにならない。まさに、その分だけ、見物の時間が短くなるか、あるいは、今晩、宿につく時間が遅くなる、というわけだから。

なにしろ、ちょっと計算してみても、全行程九日間五千キロ。平均時速八十キロとしても、一日平均七時間は車を走らせていなくてはならない。睡眠時間、夕食、朝食その他をいれたホテル滞在時間を十二時間とすると、昼食時間をいれた見物などの車外のフリータイムは、一日五時間もないことになってしまうのだ。

日本では、古くは日露戦争当時から、「輜重《しちょう》輸卒《ゆそつ》が兵隊ならば、蝶々とんぼも鳥のうち」とうたわれたというが、ここアメリカでは、ひとりひとりが蝶々とんぼの輜重輸卒にならなくては、ちょっとした観光旅行ひとつ、まともにできないことになってしまうのだ。

フロリダ旅行などともっともらしく言ってはみても、つまりは、「食っては寝、そして車を走らせる」その間に散在する一日数時間の「見聞」をひたすら積み上げていく過程に過ぎないように思えてくるのだった。

それにしても、旅の二日めの午後遅く、ワシントンから一千五百キロを車中で過ごしてやっとの思いでたどりついたディズニーワールドでの子供たちの感激ぶりはいかばかりだったか。これこそ、「黄金郷《エルドラド》！」と言うべきなのか。

そう言えば、私自身、終戦の翌年、小学六年のころだったが、満洲は長春（旧新京）を出て、ひと月余りの旅路ののちに、祖国の土に第一歩をしるしたときは、本当に胸の締めつけられる思いがしたものだ。

それから一世代たって、緑したたるわが故国に黄金郷を見い出した敗戦国の引揚げ少年の息子、娘は、アメリカはディズニーワールドの地に、黄金郷を見い出して……これこそ、文字どおり、「隔世」の感というものだろうか。

子供たちがあまりに感激するものだから、楽しみをはじめから全部つかいきってしまわず旅の終わりにもとっておくべく、ディズニーワールドはとりあえず一日半ほどにとどめ

ケネディ宇宙センター

て、子供たちにはここへの再来を約して、次はフロリダ半島一周の旅に出た。

巨大とはおれのことさ、と言わんばかりのケネディ宇宙センターのロケット発射台。

海辺にヤシの並木と砂浜と高級ホテルの立ち並ぶ名にしおうマイアミビーチ（季節はずれのせいで陽光に肌をこがす美人にはまったくお目にかかれず、それだけは心残り）。

どこまでも、どこまでも続く紅樹林《マングローブ》の中、ときにせまくときに広い鹹水路《かんすいろ》を船で行くと、名も知らぬ野鳥が飛び交い、原始の面影そのままのエヴァーグレーズ・ナショナルパーク。

そして、マイアミなどでひらけた大西洋側に比して、一段と静かで鄙《ひな》びた、フロリダ半島のテキサス湾沿岸のたたずまい。

オランドを出てまたオランドに戻るフロリダ半島一周は、同じ半島とは言っても、伊豆

季節外れのマイアミビーチ

半島や房総半島とはおよそ半島が異なって、日本ならば、東京から日本海岸に出て新潟、秋田と回り、奥羽山脈を越えて岩手、宮城と太平洋岸を帰ってくる、といった程度のスケールなのだ。この旅程を、見物もしながら二日半でこなさなくてはならない輜重輸卒の責務の、なんと重かつ大なること。

わが家の子供たちにとって、フロリダ半島一周後、再び訪れるディズニーワールドは、またもや新鮮な楽しみの源であるらしかった。大人の私にしてみれば、一度めはともかく二度めともなれば、やはり、ややうんざりの感なきにしもあらずなのだが。

それにしても、この、あまりにもアメリ

力的な眺めはどうだろう。上は中学生ぐらいから下は幼稚園ぐらいのアメリカの家族の大洪水。そこには、ヒッピーも、マリファナも、マフィアも、人種差別も、堕胎問題も、拳銃所持規制も、ついでに言えば、財政赤字も貿易赤字も……要するに、常日ごろ、有識の人から絶えず大変だ大変だと聞かされてきている社会経済問題など、すっかりどこかにとんでしまっている……。

こんな言わば「人工」の極致の三次元のおとぎの世界に、子供たちと一日半もひたっていると、だんだんと、いとあやしき心地がしてくるのだった。

最初のときと、それから二度めとで、それでも合わせて丸三日近くを過ごしたのに、子供たちはまだ、ディズニーワールドに未練ありげな様子。それを、もうこのへんで、と、やっとのことであきらめさせて、翌日は丸一日、オランド近辺の家族娯楽施設を回り歩く。

サイプレス・ガーデンの水上スキーにしても、シーワールドのイルカやシャチの曲芸にしても、アメリカのショーマンシップと言うか、金を取ってのものの見せ方のうまさには、ほとほと感心させられる。これを端的に言うならば、どこかに入るたびに、何かを見るたびに、次々と入場料や見物料が嵩んで、それだけ懐が寂しくなっていくのだが、それはそれとして、そこで提供される娯楽サービスの量と質と、それへの対価としての入場料とい

サイプレスガーデンの水上スキー

シーワールドにて

う対比関係において見れば、それなりに十分納得のいくところではあった。

フロリダはスペインの跡

だが、それにしても、女子供と終始付き合って、フロリダの壮大な「人工」とこれまた壮大な「自然」、つまりはきわめてアメリカ的なるものを、それなりに楽しく見て歩く毎日を過ごしているうちに、わが心のどこかで、何か足らざるもの、何か満たされざるものが、次第に大きくなってゆくのを禁じ得なかったのだった。

そう言えば、ここフロリダの地は、基本的には、子供たちを含む若者たちと、そして、その気候の温暖さのゆえに、年寄りたちのための場所なのかもしれない。

であるから、若者ではむろんなく、と言って、まだ年寄りと言うほどでもなく、しかも、輜重輸卒の任にのみも徹しきれない私としては、古女房にこぶ付きの身であればなおさらに、華々しい旅路の「ロマンス」など到底望み得べくもないが、それにしても、せめて旅の「ロマン」はなきものかと、ややぜいたくとも言える思いを深くするのだった。

家族連れの長旅も、だんだんと終わりに近づき、あと二日を余すばかりとはなった。もっとも、あと二日、とは言っても、一千五百キロの帰路の旅程を考えると、「観光」につかえる時間は、半日あるかなしということになる。

そして、その晩泊まったホテルで、翌日の行動に備えての作戦会議の席上、その残された半日のつかい方をめぐって、親、子、の間に、鋭い意見の対立が発生。

子供たち側は、飽くなき熱心さで、家族娯楽施設を訪れることを主張し、一方、私は、いくらなんでもこういった類はもうたくさんで、途中、どこか、南部的なまちの雰囲気を、ちょっとでも味わって帰ろうとの説。ワイフは、と言えば、いつものとおり、どちらでも、といった日和見《ひよりみ》だが、強いて言えば、母親の常として子供たち寄りといったところか。

だが、この意見対立も、帰途、サウス・カロライナ州あたりの沿道の土産もの店で、当時ワシントン近辺では発売禁止となっていた打ち上げ花火を買ってやるから、という妥協案で事態は無事収拾され、最後の最後に、親父の希望がかなえられることとなった。

さてさて、やっとの思いで半日の使用権を得て、地図や案内書と首っ引きで探し出したのが、帰路途中の、ちょうどフロリダ半島の東側のつけ根のところにあって、サンマルコス砦が売りもののセントオーガスティン。

なんでも、案内書によると、一五一三年にスペイン人がはじめて上陸したところで、ま

セントオーガスチン（「Google Maps:2020」より）

た、はやくも一、五六五年に、ヨーロッパ人（スペイン人）によって建てられた、アメリカ最古のまち。かの有名なピルグリム・ファーザーズのメイフラワー号によるマサチューセッツはケープコッド到着（一六二〇年）をさかのぼること半世紀以上も前のこと。わが国では、時あたかも戦国時代、織田信長が上洛を果たす数年前、といった時代相のころのことであった。

翌日、朝早くホテルをたち、インターステート95号線を北

サンマルコス砦（「Google Earth:2020」より）

上し、途中、計画どおりセントオーガスティンに立ち寄る。そして、ここでもまた、見るべきたくさんのものに対するにかぎられた時間との矛盾に悩むこととなる。

水堀と跳ね橋と、そして十メートルほどの高さの城壁に囲まれたアメリカ最古の要塞サンマルコス砦は、十七世紀の築城当時の面影をそのままに伝える。また、観光客用に、そのころの青銅の大砲を用いた射撃実演が行われているし、また、小さなまちの至るところに、スペイン風の昔の建物が修復保存され、あるいは復元されている。

前夜の作戦会議では、なんとなく子供たち寄りだったワイフが、そんなことはもうすっかり忘れたごとくで、遅蒔《おそまき》ながら、

サンマルコス砦の青銅大砲群

青銅大砲の射撃演習

「やはり、こういった歴史的なところは、いろいろと風情があって面白いわね、本当に来てよかったわね」

などと、いまさらながらの発言をし出すころは、予定の時間をすっかり超過していたのだった。

たまたまセントオーガスティンに立ち寄って、アメリカの大西洋沿岸にしては珍しいスペインの名残を改めて知ったが、そう言えば、州名のフロリダそのものがスペイン語の「花がいっぱい」の意とのこと。さらにそのもとはと言えば、当時のヨーロッパではやっていた黄金郷伝説の島……そこに湧き出る泉の魔法の水を飲めば、永遠の若さを得ることができる……それを探し求めたスペイン人の探検家、ポンセ・デ・レオンが、一五一三年の復活祭のころ、セントオーガスティン付近に上陸し、ついに「黄金郷」を発見したと信じて、復活祭（Pascua Florida）にちなんでこの地をフロリダと名付けたのだった。

以後、この半島をめぐって、スペインとイギリス、そしてときとしてフランスとの間で激しい勢力争いが行われたのだが、一八二一年に至って最終的にアメリカ合衆国領となった。

かくして、スペインは、州の名前と、そしてセントオーガスティンのまち並みにわずかにその面影をとどめるのみであったが、最近特にマイアミ付近を中心に、キューバあたりからの難民というかたちで、「スペイン」がアメリカに大量侵入を遂げつつあるのは、歴史の皮肉と言うべきか。

十六世紀のヨーロッパが夢みた伝説の島………黄金郷………は、今や大人の世界から子供のそれへと移って、フロリダの地に現存している。フロリダ旅行………それは、ひとくちに言って、十日間五千キロの一大遠征《エキスペディション》であるのだが、フロリダがアメリカの子供たちにとって、いつまでも「黄金郷」であり続けるのは、そもそもそこに行くことが、かくも一大遠征だからなのではないか。

どこまでも、どこまでも、どこまでも、まっすぐで単調な風景が展開するインターステート95号線を、ハンドルを握りアクセルペダルに足を乗せたまま、ひたすらに北上するみちすがら、そんな思いが胸に去来するのだった。

第XI話　魔女とバスケットボール――ニューイングランド

折から五月末のメモリアルデー（戦没者追悼記念日）の三連休で、子供連れも目立つわれわれ四、五十人の観客は「魔女の館」のまっ暗闇《くらやみ》の中で、これから始まる恐ろしい魔女狩り物語を、こわいもの見たさで息をころして待ちかまえていた。

ニューイングランドのドライブ旅行の途中たまたま立ち寄った、旧約聖書にその名をちなむこのセーレムのまちは、ボストンから北方ほど遠からぬところにある人口五万ほどの、マサチューセッツ湾に臨む、小さいが古くからの港まちで、新大陸ではもっとも規模の大きい魔女狩りが行われたところである。

だいたいこのセーレムのまちへも、始めから計画して来たわけではない。実は前の晩、ボストン郊外の宿で地図を見ながら翌日の行動予定をたてていたときに、「セーレム」の地名がふと目にとまり、アーサー・ミラー（一九一五／二〇〇五）の劇作『るつぼ（The

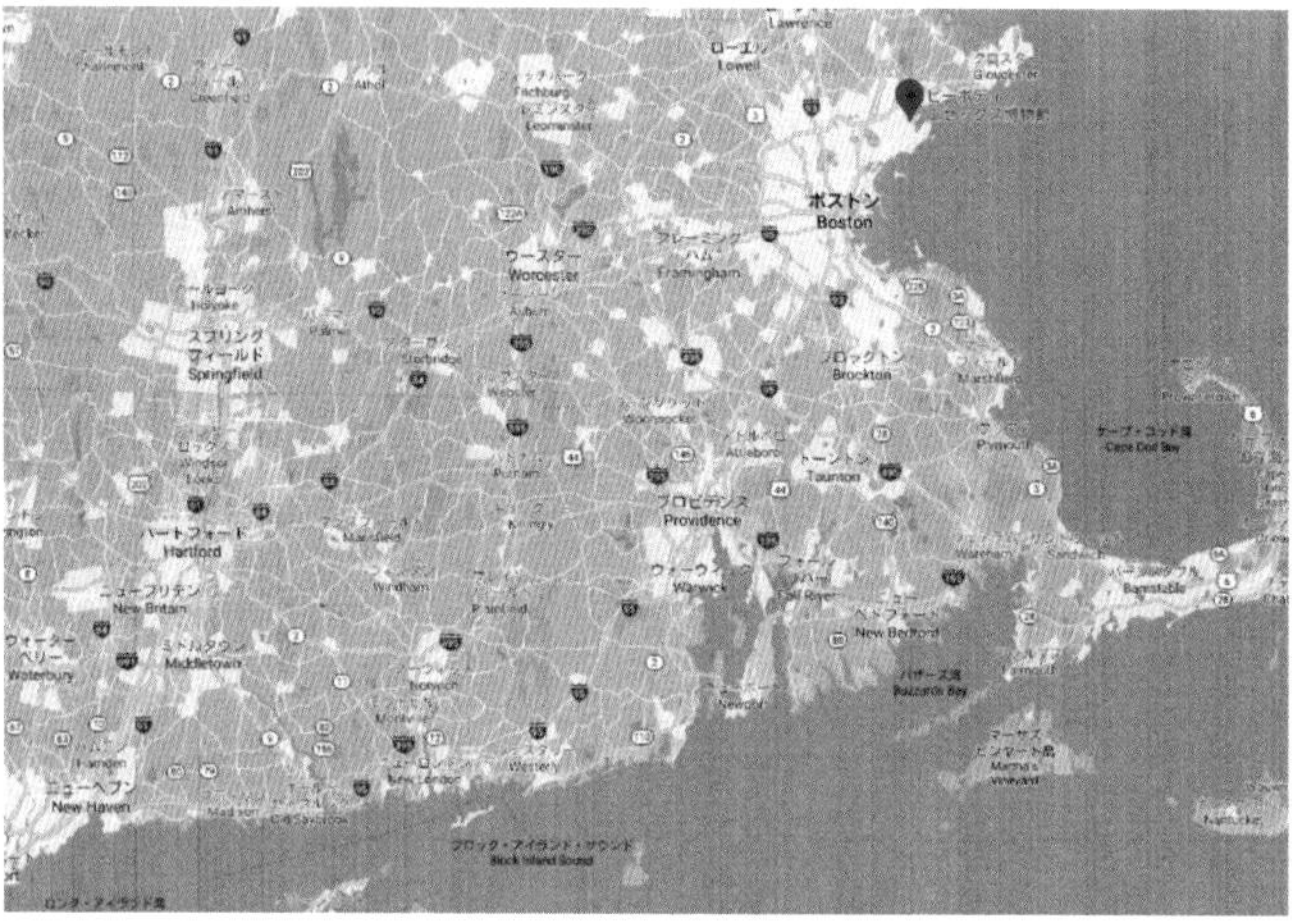

ニューイングランド（赤丸矢印がセーレム）（「Google Maps:2020」より）

魔女博物館（「Google Earth:2020」より）

Crucible)』の記憶が頭のどこかに残っていたので、それを頼りにやって来てみて、犬も歩けばではないが、まち中を自動車であちこち走っているうちに「魔女の館」を見つけ、あまり気のりのしないワイフや子供たちをなんとか説き伏せて、とにかく入ってみたのだった。

「魔女狩り」と「裁判」と

魔女の館のしばしの暗闇は、観客を三百年前の昔へと連れていく。

われわれを大きく取り巻く円形の壁の上方の一部分が明るくなり始めてみなの視線を集める。そこに「魔女」とされた黒人の召使いと、魔女にとりつかれた数人の若い女性の等身大の人形があらわれ、暗闇の中にナレーションが聞こえてきて、新大陸でもっとも大規模だった「セーレムの魔女狩り」の物語が始まった。時は、一六九二年の春。日本流に言えば、徳川五代将軍綱吉治下元禄五年、赤穂浪士吉良邸討入りの十年ほど前のことである。

暗闇の中の明るい部分が変わるつど、場面は次々と展開をみせていく。「魔女」や魔女にとりつかれた女性たちの告白で百五十人近くの「魔女」被疑者が次々と捕らえられ、牢獄につながれて拷問を受ける。このように被疑者の逮捕と残酷な尋問が進行する一方で、新任のフィップス知事により、その五月にはストートン師を裁判長とする特別裁判所が開設されて、魔女裁判が始まった。最後まで自分が「魔女」であるとの自白を拒否し続けた男性ひとりは、拷問のあげくに重しをかけられて圧死させられる。また、女性十四人、男性五人が「魔女」として死刑の宣告を受け、絞首刑が執行される。

社会的ヒステリアが荒れ狂う夏が過ぎて秋が訪れると、さすがに魔女裁判に対する良識派の批判の声も高まってきて、やがて特別裁判所は解散され、獄中の魔女被疑者たちはやっと釈放されるのである。

魔女狩りの歴史は常に陰惨かつ悲惨である。そして、刑死した犠牲者は二度と戻らない。ただ、セーレムの魔女物語の唯一の救いは、事件の四年後に、本件裁判の陪審員が公式に誤判であることを認めて謝罪し、また一七一四年に至って、マサチューセッツ立法院は、刑死した人たちの罪を法的に免ずる措置をとったことぐらいであろう。

三十分ほどのセーレムの魔女物語がやっと終わって、暗い魔女の館から五月の陽光に輝く外に出て、思わずもみながみな一様《いちよう》に、改めて今見たことが三百年も昔の出来事であることを思い直して、ほっとした気持ちを味わうのであった。

だが、よくよく考えてみれば、セーレムの魔女物語は、その顛末を知れば知るだけ、暗い魔女の館を出た途端に、三百年前に他国で起こった出来事として忘れ去ってしまうわけにはいかない種類のものではないか。なぜならば、この「魔女狩り」は、たとえそれが今日的な目からすれば一見いかに荒唐無稽に見えようとも、同時代にわが国で起こった吉良義央殺害事件に関して、旧赤穂藩士四十七名に対して幕府のとった措置……切腹による死刑の命……と基本的に異なって、現代とそうは違わない仕組みで、つまり due process of law（正当な法の手続き）にしたがって、「裁判」として行われたのだった。

　このような魔女「裁判」においてもっとも威力を発揮したのは、魔女として訴追された被告に関する怪奇事項証言（spectral evidence）であり、魔女裁判をまさに魔女裁判たらしめたものは、この怪奇事項証言を被告を有罪として処刑する決めてとした点にあった。このようにしてセーレムの魔女裁判そのものは、怪奇事項証言に重きを置く裁判長ストートン師のもとで容赦なく進められていったが、ピューリタンの地マサチューセッツにおける社会的ヒステリアがやや沈静化する一方で、神学者や聖職者の間においてすら、その真実性につき反証したり検証し得ない spectral evidence の有用性に疑問が提起されるに及んで、魔女裁判の中止の声が高まっていったのだった。

このように見てくると現代に生きる一日本人として、魔女狩り物語にはおどろおどろしい怪奇性を感じる半面、同時代に起こった赤穂浪士討入り物語には共感とそして美意識すら感ずる自分自身の現代性というものに、改めて自ら、大きな疑問を抱かざるを得なかったのである。

七つの切妻屋根の家

魔女にまつわる感慨が思わずも長くなってしまったが、セーレムは魔女だけで有名なわけではない。にわかに手に入れたガイドブックを運転の合間にちらちら見てみると、ここは、十九世紀のアメリカの代表的作家、ナサニエル・ホーソン（一八〇四／一八六四）のゆかりの地でもあり、彼が住み、そしてそこでいくつかの不朽の名作を著した七つの切妻屋根の家――同題名の小説も書かれている――は、今も当時のままに残されているとのこと。早速行ってみようと提案したのだが、子供たちはきわめて消極的な反応。ワイフは言うまでもなく子供たちの味方である。養い難き女房子供には、この次は子供たちの希望を十分参酌するから、という条件付きで、やっと七つの切妻屋根の家（日本語では面倒くさいが、原名は The House of the Seven Gables である）に向かった。

七つの切り妻屋根の家（「Google Earth:2020」より）

切り妻屋根の家にて

お目当てのホーソンの家で、せっかく私がかつて読んだことのある『緋文字』を、うずもれた記憶の中から一生懸命掘り起こし、同じイギリス植民とは言っても、アメリカ南部の世界とはまったく異なる、一六二〇年、メイフラワー号による最初の植民以来のこの地のピューリタン的伝統と精神風土に思いをはせていると、それをぶち壊すようにワイフが散文的感想を述べる。

「随分大きな家だけれど、同じアメリカでもヴァージニアあたりと建て方のスタイルがまったく違うわね。雪がたくさん降ってもいいようにできてるようね。ニューイングランドはやはり相当寒いのかしら？　随分あちこち入り組んでいるけど、本当に魔女でも出てきそうね。屋根裏部屋って言うけど、昔の日本の女中部屋と違って随分明るくて広くていいわね。エトセトラ、エトセトラ」

一方、子供たちはと言えば、切妻屋根が本当に七つあるかどうか数えたり、家の中では一見それとはまったく分からない、隠し通路や階段などばかりに夢中になるのであった。家族旅行で共通の関心事項を見い出すことのなんと難しいこと。

もっともメモリアルデーの三連休を利用した旅行の目的は、今もってリンカーン誕生日すら祝日としない南部ヴァージニアに、アメリカに赴任してきて以来数年も住みついたわ

ミスティックにて係留展示の十九世紀の捕鯨船

が家一同に、かの名高いメイフラワー号に乗ったピルグリム・ファーザーズの植民以来の歴史と伝統を誇るニューイングランドの空気を少しでもかがせようという趣旨に出ずるものである。だからこそ、東京から青森ぐらいの道のりを車で走りに走り、かつて造船や捕鯨基地としてさかえたコネチカット州最東のミスティックのまちとそこで係留展示されているハーマン・メルヴィル（一八一九／一八九一）の『白鯨』に出てくるような捕鯨船や、一六二〇年にメイフラワー号が、大西洋を横断する六十五日の航海ののちにかろうじてたどりついたケープコッド（たら岬）、さらにはボストン市内のかの有名なるハーバード大学やＭＩＴ

MIT にて

（マサチューセッツ工科大学）などをカミカゼ的強行軍で見学してきたのだった。
そして今日は三日目ということで、ニューイングランドへの名残惜しさも手伝って、朝早くボストン郊外の宿を出て、いかにも鄙《ひな》びて風光明媚なケープアン半島を一周したのちたどりついたのがこのセーレムのまち、という次第なのである。いつもお定まりのいきあたりばったりではあるが、それでもやはり旅はしてみるもの。
とはいえ、セーレムで思わぬ時間を費やし、時計の針はすでに午後一時を回っていた。これからワシントンまでは、たっぷり五百マイル（八百キロ）の道のりが残っている。ヴァージニアの地に住み慣れた私にとって、充分に異国情緒あふれたニューイングランドに別れを告げて、あとは一路ワシントン郊外マクリーンのわが家を目指して車を走らせるだけだ。

息子に引かれて殿堂回り

ところが、車で走り出そうとした途端、当時ヴァージニアのジュニア・ハイ（中学）に通っていた息子が、突然、「帰る途中でスプリングフィールドに寄ってくれ」と言い出した。「これまでみんなの言うとおりのところに行ったのだから、先ほどの約束もあり、ひとつぐらいは自分の行きたいと思っているところに寄ってもらいたい」というのがその言い分。なんでそんなところに行きたいかと聞くと、「バスケットボールの殿堂（Basketball Hall of Fame）をぜひ見たい」、とのことなのだ。だいたい、これまで、バスケットボールが、野球、アメフトとともにアメリカの三大スポーツのひとつだということぐらいは知ってはいても、「バスケットボールの殿堂」なるものが、それもマサチューセッツ州のスプリングフィールドにあるなどとは、見たことも聞いたこともなかった。そこで改めて息子に聞いてみると、この殿堂は、バスケットボールが一八九一年にスプリングフィールド・カレッジのジェームス・ネイスミス（一八六一／一九三九）によって発明された故事に由来するとのこと。スプリングフィールドに寄っていくとなれば、相当の回りみちでもあり、見物の時間を入れれば、確実に二時間は余計にみなければならない。

だが、息子の言い分にも一理はある。なにしろ先ほどの約束のこともあるし。そこでどうせ遅れついでにままよとばかりスプリングフィールドに向かうこととした。

スプリングフィールドはマサチューセッツ州の中央部を流れるコネチカット川沿いにある、美しいが格別曰く因縁故事来歴のない、人口二十万ほどのまちである。かつてスプリングフィールド銃を生み出したところと言えば知る人ぞ知るだが、もし息子が変な要求をしなかったならば、おそらく絶対に訪れることのなかったまちであろうし、また、再び来ることもあるまい。そう思うと、あたりの景色がかえってなまなましく目に映じ出すから不思議なものだ。

お目当ての「バスケットボールの殿堂」が面白かったかどうかは、もちろん、バスケットボールに対する興味の持ち方いかんによる。なんとかいう名選手がはいたというとてつもなく大きなバスケットシューズを見ても、私にとってみれば、ああそう、なんてデッカイ足だなあ、と思っただけである。

私みたいに黙って感心したような顔をして見ていればよいものを、何かにつけひとこと

バスケットボールの殿堂（「Google Earth:2020」より）

バスケットボールの殿堂前にて

は言わずにいられないヘキのあるワイフが、

「日本じゃばかの大足ってよく言うけれど、この人はどうだったかしら」

などという無思慮な発言をするものだから、息子に、この大足氏がバスケットボールのみならず、知力においてもいかに優れた名選手だったかを、とうとう数分間にわたって弁じたてられる破目になってしまった。

いずれにしても、この殿堂訪問の言い出しっぺがすっかりご満悦の様子であるし、家族のみながまあまあ満足していれば、旅行の目的が達せられたと思うべきだ。こんなときにでもせっかくの思いをかなえてやらないと、下手をすると一生涯、「あのときは」などと言われかねないのだから。


これでニューイングランド小旅行の日程はすべて終わり。あとは、家に帰るだけ。だが、「家に帰るだけ」とは言っても、時計はもう四時を回っているというのに、ワシントンまでは、まだ、六百キロ、日本的には青森から東京位もあるのだ。あとはただただ、ひたすらに自動車を走らせるしかない。

スプリングフィールドからコネチカット州の首都ハートフォード、ニューヘブンと通過

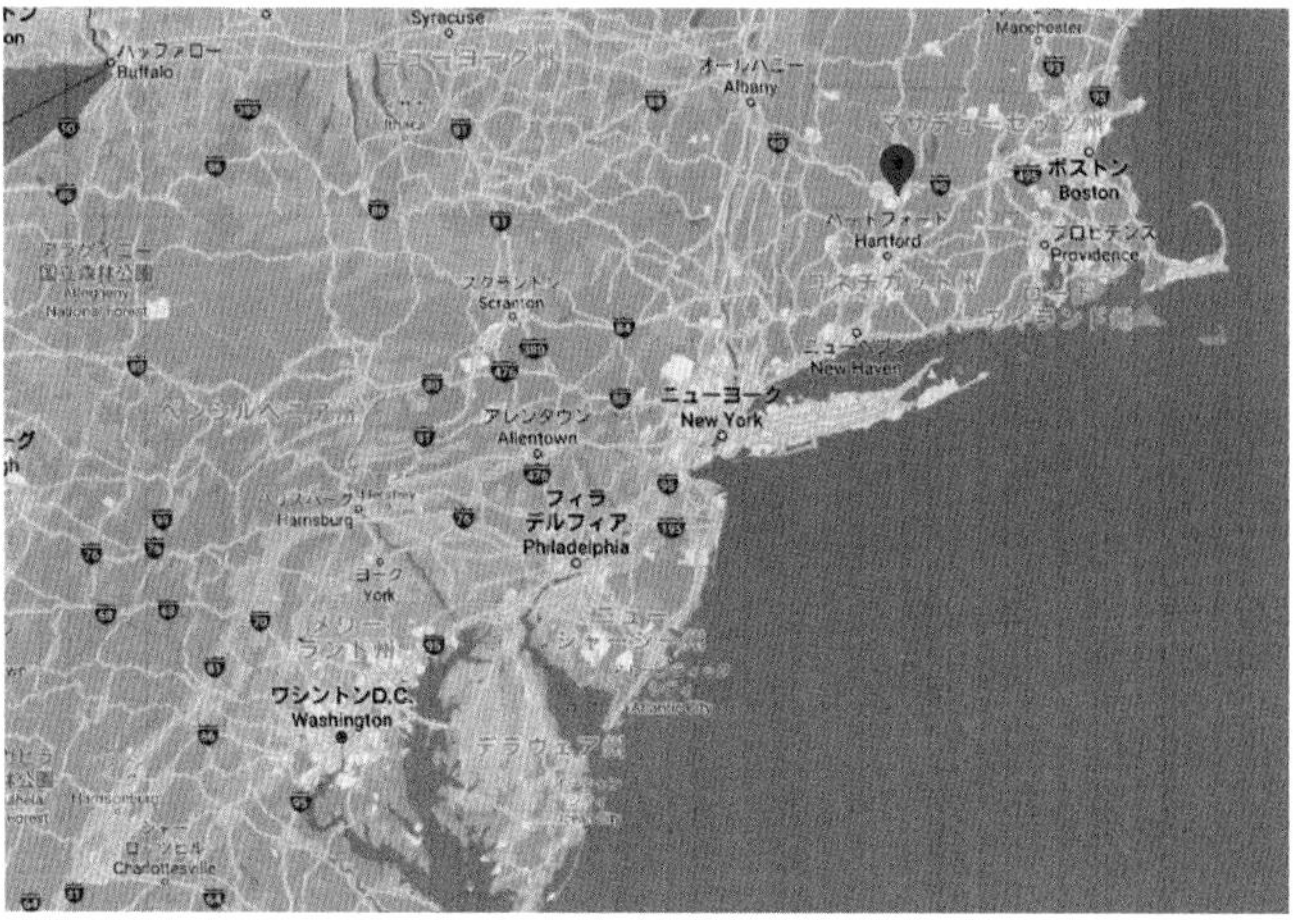

ワシントンDC迄の帰り道（赤丸矢印がスプリングフィールド）（「Google Maps:2020」より）

し、大ニューヨークの西側を走るニュージャージー・ターンパイクを通り抜けたときは、すでに夜の十時を回っていた。

途中のドライブインで家族一同ハンバーガーをかじり、ガス・ステーションでガソリンを満タンにし、再び一同車中の人となる。そしてまたもや暗闇の中を、距離と時間の戦いが始まる。もう沿道のガス・ステーションはみな閉まっていて、頼りはタンクに残っているガソリンだけだ。途中で霧が出てくる。先行車のテールランプの赤い点がにじんで、うすうすく暗闇に吸い込まれていく。用心してこれまでの七十マイルぐらいのスピードを六十マイルぐらいへとおとす。

やれやれ、やっとボルチモアか。時計はとっくに午前一時を回っている。あともう少しだ。

午前二時半を過ぎて、やっとの思いで家にたどりつく。三日間の小旅行といえども、全走行距離は一千二百マイル（二千キロ）に達していた。

そこでワイフのコメント。

「これでついに私たち、アメリカにいるあいだ中、のんびりした旅行ってやれなかったわね。やっぱり典型的日本人ね」

第XII話　シカゴ郊外バルツ農場にて――十五年目の感傷再訪記

五月も末の日曜日、私にとって十数年ぶりのこのシカゴは、もうすぐ六月だというのに、つい三週間前までは雪さえ見たという。

それが今は、昼日中《ひるひなか》は初夏と言ってもいいような日差し。いかにも新大陸アメリカらしいこのような自然の荒々しい道行に、街路や公園の木々の青葉は大あわてにあわてて、一日一日と、まるで音でもたてて大きくなっていっている気配である。

宿泊中のミシガン湖畔に建つスイス・グランド・ホテルの地階の食堂で、正午近くのこと。シカゴ・ジェトロ・センターのK所長、帰国も間近のY農水産調査員と私の三人。日曜日のこととてメニューから選んだブランチを済ませる間もなく、あわただしく同ホテルを出る。

Y氏運転のオールズモビルで、シカゴを、ミシガン湖畔の中心部から南西方向に斜めに

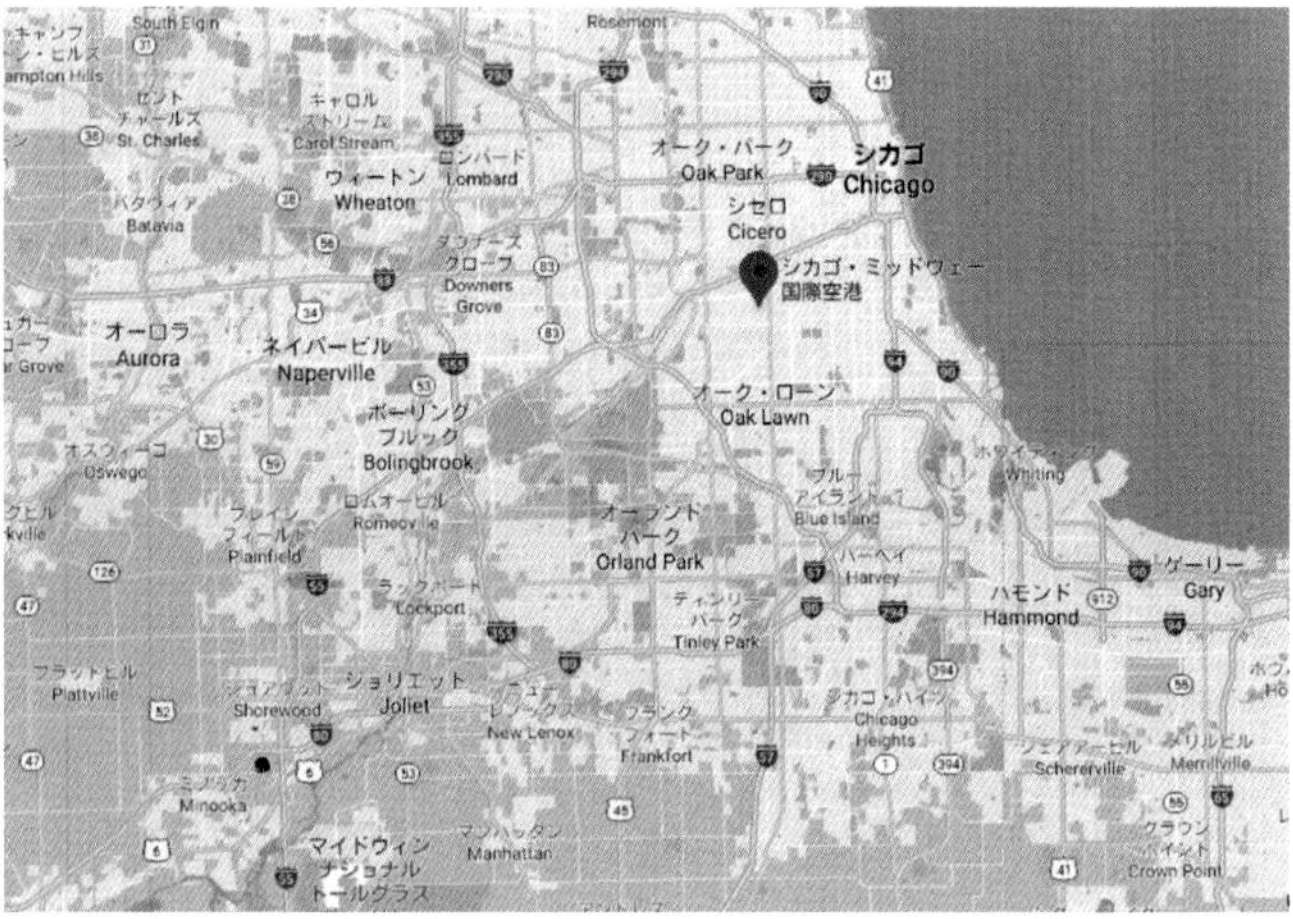

シカゴ郊外在のバルツ農場（左下、黒丸印）（「Google Maps:2020」より）

貫通するルート55に乗って一時間余の行程のシカゴ南西部郊外のジョリエットへと向かう。

われわれの目的地は、ジョリエット近郊在のバルツ農場。

ここは、昭和天皇・香淳皇后両陛下の、一九七五年九月の終わりから十月初旬一杯にかけての御訪米に際して、昭和天皇陛下が、アメリカ中西部の「ティピカル・アメリカン・ファーム」を、実りの秋の半日をかけて御訪問なされた、その当の農場である。

この際の両陛下の御訪米のご旅程は、アンカレジ経由で、まずは独立戦争当時のアメリカ東南部ヴァージニア州の首府で植民地時代の面影を二百数十年後の今日にそのままとどめるウイリアムズバーグを起点として、首都ワシントン、ニューヨーク、そしてかのメイフラワー号がはじめてたどりつき乗員が神のご加護を感謝してその砂にくちづけしたマサチューセッツ州在の砂地の岬ケープコッド、さらには中西部のシカゴを経由してロサンゼルス、サンフランシスコ、ハワイと、前後ほぼ二週間にわたるものであった。

御訪米の一九七五年と言えば、三年前の一九七二年夏、当時のソ連による小麦を中心とするアメリカ穀物の突然の大量買い付けに始まり、七三年には大豆禁輸事件に象徴される世界的穀物危機、そして引き続く石油危機、七四年のアメリカ中西部の大旱魃《かんばつ》による穀物の大減産、といった事態がようやくにして克服され、世界の全体的経済情勢もなんとか平静を回復していたそういった時期であった。同時に、この両陛下御訪米は、戦後丁度三十年を経た日米関係の総決算と新しい日米関係樹立を期するとする、極めて大事な意味合いのものであり、在ワシントン駐米日本国大使館としては、大使以下大使館の総員が、前七四年から総力を挙げて取り組み、他方アメリカ側も、シークレットサービスはもとより関係部局が協力を惜しまないとするところのものであった。

ホワイトハウス歓迎式典、歓迎晩餐会、アーリントン献花式、返礼晩餐会などなどの首都ワシントンでの公式諸行事は別格として、アメリカの東海岸、中西部、西海岸のそれぞれで、ご訪問・ご観覧頂くところの選定を進めていた訳だが、その際にあって、ここぞアメリカの中西部シカゴにあっては、当時の時代背景もあり、やはり今や世界のブレッド・バスケットと呼ばれるアメリカ中西部の農場がよかろうというのがだれしも考えるところ。

そのような背景のもとに、ＵＳＤＡ（アメリカ農務省）の全面的協力を得て、当時のアメリカ農業界の大御所バッツ農務長官の友人でもあったドン・バルツ氏経営のこのシカゴ郊外ジョリエット在のバルツ農場が選ばれたのである。

当時私は、在ワシントン日本国大使館にあって農林水産関係担当の参事官として在勤中で、職掌柄、本件についてのＵＳＤＡとの連絡調整《リエゾン》の役に当たっていた。そんな関係で、当時六十がらみの年恰好のドン・バルツ氏のこのバルツ農場へは、七四年から七五年にかけて、事前に六、七回にわたって訪れ、また農場御訪問の当日は、天皇お召し車をフォローする十台近くの車列にあってバッツ農務長官と福田（副総理）首席随員が乗られた第一随伴車に同乗して、その全行程にお伴をする光栄に浴したのだった。

このたびの機会は、私にとって、そのとき以来の、実にひと昔半ぶりの農場再訪なのだ。日曜日のためか、ルート55を走る車はやはり少なめ。途中、何回も通って見覚えのある、なんとなくうす汚れた工場地帯らしきところにさしかかる。

「ここらあたりは、シカゴ市内でも一番環境のよくないところじゃないですか」

とシカゴ通をもってなるK所長は言う。なるほど、農場御訪問の際、警護の任に当たるシークレットサービスを含むホスト役のアメリカ側が、本来はより近道で便利な筈のこのルート55ではなしに、もっと南に大きく迂回するルート80をつかったのは、そんな事情もあってのことか。そう言えば、そのルート80でも、要所要所に州兵が二、三名ずつ、銃を手にして立哨していたな、と、今にして納得する。

ところが運悪く、食事後すぐにホテルを飛び出して車に乗ったためか、出発してしばらくすると少しお腹《なか》が痛み出していたのだが、皮肉にもここらあたりでそれが一層強まってきた。まだ予定の行程の三分の一も行っていないこととて、いつまでも我慢するわけにもいかず、運転のY氏に無理を言ってルート55から一般道路におりてもらう。

なんでも、われわれがたまたまおりたその道路は、シカゴを南北に走るC通りとか言って、K所長の言によれば、市区内にあるシカゴ・ミドウェイ空港に近く、運送業や倉庫業が多いためもあってか、シカゴでも一番マフィア関係者が出没するところ。傷害事件などは日常茶飯事で、もっと大事に至るケースも希《まれ》ではないとのこと。夜はとても近づけないところだそうだが、今は真昼だし、それにお互いあまり頼りになりそうでもないが、それでも男三人衆だからまあよかったということか。

日曜日の昼過ぎなのに、強い日差しの中、ほとんど人影もないC通りを南下すると、ほどなくスナックのようなところが見つかり、勇を鼓してそこのトイレを借りてようやく腹痛から解放される。そうしてしまえば現金なもの。もうこんなところに一刻なりとも長居は無用と、今来た道路を逆にとって返し、すぐにまたもとのルート55に戻る。

しばらく走るうちに、沿道から工場や倉庫や煙突の群立がいつしか消えて、今度はいかにもアメリカらしい緑の多い住宅地帯や研究所地帯に変わる。

やがてルート55が、北東から南西への斜め道路から、北から南へとなった縦道路を南下。そういえば十数年前幾度となくここを通った記憶では、シカゴもここらあたりまで来ると、一面、広々としたとうもろこし畑などの田園風景が展開していたはずなのだが。それが今では気のせいか、だいぶ感じが違っていて、沿道にスーパー、レストラン、そのほかの建物などがかなり立て込んできているように思え、十数年とは言え、改めて時の流れを感ずる。

南北縦のルート55から東西横のルート80へと乗り換えて西へちょっと行った左側に、道路に直角に接続する農場入り口道路があり、その先の方に見覚えのある白塗りの二階建ての家がのぞめる。確かここだったな、と簡易舗装の農場道路を行くと、その家の前で、ドン・バルツ氏の息子で以前よりだいぶ肉のついた感じのジョンがわれわれを待ち受けていた。

バルツ家十数年の大変化

車を降りて、ジョンと再会の握手。本格派アメリカ農民だけあって、こちらの手がすっぽり隠れてしまうような大きく厚い手。それにしてもこうやって見ると、当然のことながら、お互いの顔や身体に十数年の時の流れがよく出ているものだ。

もっとも、ジョンの隣には、それこそこれまでお会いしたことのない女性が立っている。事前に同行のK所長から、確かジョンがあの当時の奥さんと離婚して、その後再婚したという噂話を聞いていたので、ジョンの横に見慣れぬ婦人を見ても、特にあわてることはな

小動物を愛でる昭和天皇

左から:ウォーカー知事（イリノイ州）、昭和天皇、ワズワース参事官（駐日アメリカ大使館）、バッツ農務長官（バッツ長官の背後はシークレットサービス）（1975、USDA）

かったが。

それにしても、陛下御訪問をひかえて、家の中のクリーンアップにおおわらわだったあのときの奥さんはどうしたのだろうか。いまさらジョンに聞いてみるわけにもいかないし。それからあのとき、珍しく大勢の人が来たのがうれしくて子豚や子兎を抱いて飛び回っていて、陛下に子豚や子兎をお手渡しした男の子たちはどうしたろう。過ぎ去りし年月を数えれば、もう社会人になるかならぬかだが。こちらの方ならあとで話題に供したっていいかも知れぬな。

このたびも、新しい奥さんとの間の子供なのだろうか、六つ、七つを頭に二、三人の男の子たちに囲まれて、そのことだけで言えば、十数年の歳月はどこかにいってしまったようだ。だが、現実世界に戻ってみれば、あのときバルツ農場の当主だったジョンの親父さんのドン・バルツ氏も、数年前にこの世を去ったとか。そうだとすれば、日本にあっては昭和天皇は一年前に崩御されており、あの一大野外ページェントの日米の主役の二人は、すでにこの世にはおられないのだ。

ジョン夫妻の案内で、家の周囲を回ってみる。数千ブッシェル入りの、この三つ並んだ、わが国ならばさしずめガスタンクを思わせるビン（穀物庫）など、当時を彷彿とさせ、みな懐かしいものばかりだ。

そう言えば、御訪問に先立つ事前調査の段階で、農場の見取り図をつくり、どこからどこまで何分と、何回も実際に歩いてみて必要時間を計ったものだったっけ。

それが、住居、機械格納庫、ビン、畜舎、倉庫などなど、敷地がなにしろ広いだけに、行ったり来たりするとそれだけで随分時間をとったことを覚えている。

同じ農場とは言っても、わが国のそれの、大きくて二、三ヘクタールというのとはおよそ単位が異なって、当時のバルツ農場の規模三千三百エーカー（八一五㌶）と言えば、ちょっとしたゴルフ場なら十ヶ近くできるほどの広さ。そういった農場での視察プランづくりなのである。

バッツ長官の案内で農場巡回
左から：ウォーカー知事（イリノイ州）、ジョン・バルツ、ワズワース参事官（駐日アメリカ大使館）、昭和天皇、バッツ農務長官（1975、USDA）

結局、農場御滞在一時間余を前提とした御訪問プランとしては、まず最初にドン・バルツ氏の宅にお入りいただいてその応接間でバルツ農場の経営の概況などについてお聞き取りいただき、しかるのち、家の周囲の農場風景を簡単に御覧いただく。その後、自動車で農場内で何キロか離れたジョンの家のところに移動して、そこでコンバインでの収穫作業やら農場の各種施設などを御覧いただく。最後にジョンの家で若干御休憩いただいて帰途につく、というものだ

トウモロコシの作況の説明
左から：ウォーカー知事（イリノイ州）、ジョン・バルツ、ワズワース参事官（駐日アメリカ大使館）、昭和天皇、バッツ農務長官、ドン・バルツ（1975、USDA）

った。

　そして、十月初旬の当日は、幸い絶好の収穫日和に恵まれて、陛下の農場御訪問は、バッツ農務長官のご案内で（当日のためにわざわざ東京から招致した日本語に熟達している駐日アメリカ大使館ワズワース農務担当参事官が通訳にあたり）、終始、プランどおりにとどこおりなく進んだのである。


　一緒に歩きながら、ジョンにその後の農場経営の様子を聞く。

　農場で栽培している作目は、昔と変わらず、とうもろこしと大豆が主で、小麦それにソルガム（飼料用こうりゃん）が少しずつ。五月下旬となった今日現在、播種《はしゅ》はもうほとんど終わっていて、あとは、大豆二、三百エーカーを残すのみ。

そのほか、道路の近くにピーマン、トマトを植えて、自動車で通りかかった買いたい人には、自分で取らせているとのこと。

そう言えば昔も、確か道路際のかぼちゃ畑に、大きなかぼちゃがそのまま転がっていて、どうして、穫り入れないのだろうと思ったが、わが国と違ってあんなかぼちゃを食べるわけではなく、あのときは秋だったので、今から思えば十月末のハロウィーン用（中をくり抜き目鼻をつけてローソクをともす）の直販だったか。

自動車族への直販と言えば、ここらあたりはシカゴの中心部から一時間余の言わば都市近郊、規模こそ違え、やっていることは洋の東西を問わずというところか。

一番目につくのは（そして鼻につかないのは）、前にだいぶ頭数のいた豚がすっかり姿を消していること。これはなんでも、何年か前に、飼っていた豚が一斉に病気にやられたので、そのとき以来すっかり飼育をやめてしまったとか。

前に豚舎だったところには、めん羊が少し飼われていて自家用の羊毛の供給源になっており、また、ポニーが何頭かつながれていた。これは子供たちの乗馬用か。

これだけ広いアメリカ中西部の農場でも、自給的な色彩が若干残っているのは、なんとなく楽しくもある。

かつては親父さんのドンと一緒の経営ではあるが、農場規模は三千三百エーカーだったのだが、このところ打ち続いた農業不況のおかげで、そのうちの三分の一の一千百エーカーを売って農業機械の更新や肥料・農薬の購入などの経営維持の資金に当て、今は二千二百エーカー（五四三ヘクタール）になってしまったとか。

何千何百エーカーといってもなかなかピンとこないかもしれないが、これを東京サイズに翻訳すれば、要するにあのころには、人口二、三十万の渋谷区か目黒区の半分くらいだった農場の広さが、今は千代田区か文京区の半分位の広さに縮まったということなのだ。それがシカゴ中心部から車で（もっとも車以外の交通手段はないが）一時間余のところの話なのだ。

これだけ広い農場でも、半分とうもろこし、半分大豆を植えたとして、もちろん価格動向に大きく左右されるにしても、粗収入は四十万ないし五十万ドル程度なのだから、やはりここはアメリカ。

「俺は、一千百エーカーを売ってしまったくらいのフールだが、三千三百エーカーの農場をずっと経営し続けるほどのフールではなかったということだよ」

とのジョンの辛口の冗談に、何と返事をしていいのやら、一瞬戸惑ってしまった。

家の前に日本的水準から言えば、とんでもなくデカいトラクターが三台勢揃いしている。まさかジョンひとりでこの三台に乗り降りしているわけではあるまいに、聞いてみると、常雇を二人雇っているとのこと。

「それから、私もときどき運転しますから」

と、横から奥さんのけなげな発言。

農業機械格納庫に行くと、そこはまた、ばかデカい農業機械や修理工具の行列。アメリカの農場主は、機械工でもなくてはならない。

陛下が試乗されて運転席に座られた例の見覚えのあるコンバインかと思いきや、あれはすでに処分済みで、今あるのは一期新しいモデルのものとか。

「ほら、あそこの機種ナンバーの三桁の頭が8となっているだろう。あのときのは、ナンバーの頭は7だったから」

年々歳々とうもろこし、大豆は相似ても、歳々年々農業機械は同じからず。

家の近くになって、

「以前にはなかったものを見せてやろうか」

とジョンが言って扉を開けて入って行ったのが、中が鳥かごだらけの小屋。聞くと、ラブバードやらなにやら、英語で聞いてもすぐにはとても覚えきれないいろいろな種類のペットバードがいっぱい。

奥さんが、卵からかえったばかりでまだお尻に殻を付けたままの雛を、いかにもいとおしそうに手のひらにのせて、

「ほんとうにキュートでしょう」

と言う。卵から出てきたばかりの雛が可愛いかどうかは、酉《とり》年生まれによるかどうか知らないが、こういうときには、もちろん肯定的な返事をしておくにかぎる。

なんでも、この小屋の中のペットバードは、一羽百ドルかそれ以上もするとかで、そう言われてみれば、つがいのラブバードがちょこんと寄り添ってとまっているさまは、愛鳥家などとはとても言えない私が見ても、確かに図柄になっている。

「ラブバードは、こうやっていつも二羽でいるからラブバードと呼ばれるのですかね」

と、分かり切ったような愚問を発すると、

「そのようね。こうやって二羽が一緒にいると、お互いに羽をつくろいあったりして、両方元気で長生きするの」

と丁寧に教えてくれた。そして、

「ここに買いに来た人に小鳥を売ってジョンの経営を助けているの」

と、誠に殊勝なご発言であった。

それから一同、陛下が農場御訪問の最期に立ち寄られたジョンの家に入る。

ここはずうっと以前に、ジョンの両親のドン夫妻が住んでいたのを、ジョンが長じて家族を持つに及んで、両親のドン夫妻は、少し離れた農場内の一劃に新しい家を建ててそこに住み（陛下の農場御訪問の最初がこのドンの比較的新しい家だった）、古い大きな方には、息子のジョン一家が住むことになった由。

実はジョンには言えないが、御訪問前の下検分の際、父親のドンの家がまだ新しく、当時の中流アメリカ人クラスだったので、これならばと思って安堵した経緯がある。

なお、そのかつてのドン夫妻の家には、現在、ドンの未亡人がひとりで住まいしている由。日本的水準からはなかなかに想到し難い、シカゴ郊外とはいえ、周囲から遠く離れたそれこそ野中の一軒家で、彼女は何をして毎日過ごしておられるのだろう、といった思いが一瞬頭をよぎる。

陛下がバルツ農場御訪問の最後に立ち寄られたジョンの古い家は、長年の風雪にさらされて外側が至るところペンキがはげているのは以前と同じだが、それでも中はだいぶきれいになっていた。

この家にも、思い出は多々あって、なにしろ腕白が三人もいたのだから、家の中は「きれい」とか「きちんとして」といった状態とはほど遠く、陛下にお立ち寄りいただくのはいかがかなと思われたのだが、そこはよくしたもので、御訪問の当日までに、居間は言うに及ばずトイレまで、近所の奥さん連が総出で磨きあげたのだった。

それにしてもこの家、古いことは古くとも、あのころはもっともっと広かったように思われたのだが。私も平均的なそのひとりである日本人の住居感覚の比較の刻みめも、当時と比べると今はだいぶ大きくなったのかもしれない。

ジョンの書斎にはパソコンが置かれていた。これももちろん前には見かけなかったもの。

「こういうものが十分つかいこなせるほどsmart enoughでないと最近の農業はやっていけないいんだよ」

とジョンがやや誇らしげに言う。

昼の日中はあんなでっかいトラクターやコンバインを乗り回し、夜は夜でパソコンに向かわなければならないとすると、現代アメリカ農民もなかなか大変だ。

入り口から入ってすぐのリビングルームで、両陛下御訪米の翌年、ジョン夫妻が日本に来て、その際陛下から御下賜あったという両陛下のサイン入りの御訪米記念写真集を前にして、思い出話。農場御訪問の際のエピソードやジョンの訪日の際の宮中の印象、そして、先般の陛下の崩御の際の日本の報道機関からの取材の模様など。

中でも興味深かったのは、農場御訪問の際のエピソード。

そもそもこの農場御訪問は、アメリカ側、特にバッツ農務長官以下の米農務省がホストとなって行われたものだが、当然のことながらアメリカ側もセキュリティーの問題には最大の神経をつかったらしい。したがって、ドンとジョンのバルツ父子に対しても、随分とシークレットサービスからのベカラズ集があったようだ。

ところがジョンによると、このベカラズ集違反が、かえって陛下のお気持ちに沿ったものになったようだと言うから、ことは面白いものだ。

そのひとつは、まず、陛下の農場御訪問の際の最初のお立ち寄り場所であった親父さんのドンの家でのこと。

まずはリビングルームでドンの話をお聞きになりながら一息入れられたあと、ドンが、

アメリカ人のだれもがよくするように、

「陛下、せっかくの機会ですので、私の家をずうっとひとわたり御覧になっていただけますか」

と言い出した。

そしてその際の陛下の肯定的な御返事に、さっそくドンは、アメリカの一般市民の家とほとんど変わるところのない自分の家の各部屋を、ずうっと案内して陛下の御覧に入れ、陛下もたいそう興味深げに家中を回られたようにお見受けした。

シークレットサービスからの指示は、もちろん、リビングルーム以外は御案内するベカラズ。

そして第二は、息子のジョンの家の近くで。ちょうどジョンが大豆畑での収穫作業のデモンストレーションのためコンバインを動かしていて、一同の近くまで運転してきてそれを止めたのだった。

コンバインの運転席の昭和天皇（右はジョン・バルツ）（1975、USDA）

報道陣の拍手喝采に応えられる昭和天皇（左はジョン・バルツ）（1975、USDA）

そのときに、案内役のバッツ農務長官は、

「陛下、このコンバインにお乗りになってみますか」

と聞いたのだという。そして、バッツ長官によると、陛下の「ハイハイ」という肯定的御返事を聞いて、バッツ長官、イリノイ州ウォーカー知事、それにコンバインの上からのジョンなど、みなが手助けして、陛下は、周囲のアメリカ人の拍手をお浴びになりながら急角度の鉄梯子をお登りになられ、地上二メートル余の運転席にお座りになられたのだった。

その直後にコンバインの運転席を出られて運転席のすぐ脇のステップでお立ちになって手を振られる陛下のお姿は、テレビの画面や新聞の写真などで、あるいはご記憶の方も多かろう。

もっとも、このベカラズ違反は、バルツ父子ではなくて、前述のようにホスト役のバッツ農務長官の方なのだが。

アメリカ農業の歩みを見る

ところで、そのバルツ農場のその後の、つまり一九七〇年代の後半から八〇年代を通じての経営状況はと言えば、決して平坦なものではなかったようだ。それは、まさにアメリカ農業の歩みそのものだったのかもしれない。

三千三百エーカー、あるいは小さくなって二千二百エーカーと言えば、アメリカの水準から見ても、とりわけイリノイ州という土地柄からすればなおさらに、決して小さなものではない。そのような大農場にしてからが、経営的に見るとそのような状況なのだ。

それでも、言葉の端々から察するに、やはり二、三年前が言わばどん底で、一昨年あたりからまあまあという方向にきているようだ。

それに直接的にではないにせよ、この農場に来る途中、道路わきで見てきたような、時間とともに確実にこの周辺を洗ってきている都市化の波。

なにしろ前にも言ったが、シカゴの中心部から一時間余のところにある千代田区か文京区の半分ぐらいの大きさの農場なのだ。いかに土地がいっぱいあるアメリカといえども、先々はとなると果たしてどうか。

そう言えば、この際彼の家族の動向を聞いてみると、十数年前の秋の日、「四世代そろって陛下をお見送り」とわが国のマスメディアにも報道された家族のうち、当時九十歳を超えてもなおかくしゃくとして陛下の御質問に答えていたジョンの祖母がすでに亡いのはことの自然としても、ジョンの父親ドンもすでに鬼籍に入って久しい。

あのときあの祖母さんが答えていたように、祖母さん夫妻が若かりしとき、ここシカゴ郊外のジョリエットの地に入植し、それをジョンの父ドンとジョンの三代、一世紀にわたって築きあげてきた世界の穀倉地帯アメリカ中西部のこの「ティピカル・アメリカン・ファーム」。

四代目となるべき先妻との間の息子たちはすでにみな外に出、今の子供たちはまだまだ幼い。彼らが長じて、農場の経営者になりたいと思うだろうか。また、そのときまでにジョン自身の健康、意欲を含めて、周囲の状況、諸条件が現在のようなかたちでのこの農場の存立を許しておくだろうか。

その置かれている自然条件、社会的条件が州によってまったく異なってはいるが、アメリカの農家の平均経営規模は、一応の単純計算をしてみれば五百エーカー。したがってこのバルツ農場の規模はその四、五倍はある。そのバルツ農場にしてこの悩み。アメリカのファミリー・ファームの将来像はどこにあるのだろう。

アメリカから帰国して以来十数年間抱き続けてきたバルツ農場再訪の夢が果たされた今、そこに見たものはアメリカ農業の凝集された歩みそのものでもあった。

そうだとすると、再々訪はいつの日か、そして今度私は、そこに何を見い出すのだろうか。

十数年来の思いがかなって満足したような、それでいて是非とも行ってみなくては、というところがまたひとつ減ったのがなんとなく寂しいような、そんな複雑な思いにかられつつジョン夫妻に別れを告げて、シェアーズ・タワーが夕空にひときわ目立つ、アメリカ中西部の中心地、シカゴに戻ってきたのだった。

Wikipedia による写真出典詳細一覧

P29◆タイダルベイスンとジェファーソン記念堂（2021.3.9 取得）
https://upload.wikimedia.org/wikipedia/commons/thumb/5/51/Jefferson_Memorial_Factbook.jpg/800px-Jefferson_Memorial_Factbook.jpg

P36◆独立宣言案の提出（2021.3.9 取得）
https://upload.wikimedia.org/wikipedia/commons/f/f9/Declaration_of_Independence_%281819%29%2C_by_John_Trumbull.jpg

P37◆アメリカ独立宣言（2021.3.9 取得）
https://upload.wikimedia.org/wikipedia/commons/thumb/8/8f/United_States_Declaration_of_Independence.jpg/800px-United_States_Declaration_of_Independence.jpg

P39◆ジェファーソンの墓石（2021.3.9 取得）
https://upload.wikimedia.org/wikipedia/commons/thumb/6/6e/Thomas_Jefferson%27s_Grave_Site.jpg/800px-Thomas_Jefferson%27s_Grave_Site.jpg

P111◆アメリカ東海岸におけるジェームズタウン（2021.3.9 取得）
https://upload.wikimedia.org/wikipedia/commons/6/69/Location_of_jamestown_virginia.jpg

P118◆アメリカ海軍外輪フリゲート艦ポーハタン号（2021.3.9 取得）
https://upload.wikimedia.org/wikipedia/commons/1/17/Kurofune_3.jpg

P121◆トーマス・ジェファーソン（2021.3.9 取得）
https://upload.wikimedia.org/wikipedia/commons/b/b1/Official_Presidential_portrait_of_Thomas_Jefferson_%28by_Rembrandt_Peale%2C_1800%29%28cropped%29.jpg

P136◆アーリントン・ハウス（2021.3.9 取得）
https://upload.wikimedia.org/wikipedia/commons/2/2d/Arlington_House_National_Park_Service.jpg

P137◆ロバート・E・リー（2021.3.9 取得）
https://upload.wikimedia.org/wikipedia/commons/thumb/8/89/Robert_Edward_Lee.jpg/800px-Robert_Edward_Lee.jpg

P145◆アブラハム・リンカン（2021.3.9 取得）
https://upload.wikimedia.org/wikipedia/commons/thumb/1/1b/Abraham_Lincoln_November_1863.jpg/800px-Abraham_Lincoln_November_1863.jpg

P147◆リンカン記念堂中のリンカン座像（2021.3.9 取得）
https://upload.wikimedia.org/wikipedia/commons/thumb/8/80/Lincoln_statue%2C_Lincoln_Memorial.jpg/800px-Lincoln_statue%2C_Lincoln_Memorial.jpg

P157◆マクリーン・ハウス（2021.3.9 取得）
https://upload.wikimedia.org/wikipedia/commons/thumb/a/a9/AppomattoxCourtHouse.jpg/800px-AppomattoxCourtHouse.jpg

おわりに――ふたたびの「アメリカ歴史くるま探訪」

私は、一九七〇年代に、ワシントンDCからポトマック川をこえたヴァージニア州マクリーンに家族ともども丸四年間住まいし、その後も公私にわたってアメリカとの関わり合いが深かったこともあって、アメリカの歴史や政治情勢などには常に興味を持ち続け、特に四年に一度の大統領選挙に際しては、もう半世紀を超えてその都度、私的にも公的にも、深い関心をよせてきたところである。

そんな私にとって、二〇二〇年のそれは、夏の頃から、コロナ禍下ということだけではなく、これまでの大統領選挙には全く見られなかったような様相を呈しているように思えてきたのだった。なかんずく、客年十一月四日の選挙日から今年一月二十日正午の新大統領就任式までの二月半ほどの期間にあっては、一日一日、アメリカ民主主義の根幹とも言うべき大統領選挙制度のあり方そのものが問われ、アメリカの歴史に新しいページが書き加えられつつある如くで、私は、好嫌善悪ということではなくして、ＣＮＮなどの現地メディアの視聴に明け暮れたのだった。

　他方でこのような状況は、私の従来からのアメリカ史に対する興味をいまさらにかき立てることとなり、アメリカ史に関しての自分自身の原点帰り的認識を深めるため、自身が往時雑誌などに掲載したアメリカ歴史紀行文や自写の現場写真などをもとに、ウィキペディアやグーグル・マップス／グーグル・アースの画像などを参考としつつ、巣ごもりしながらのふたたびの「アメリカ歴史くるま探訪」に乗り出したのだった。

「ドライビング・ヒストリック・アメリカ」と題して、本編十二話プラス閑話休題二話からなる本書は、このような「探訪」の結果である。お互いが地球の裏側同士のわが国とアメリカだが、にもかかわらず、江戸時代末期、我が国の激動的な近代化の過程にあって「泰平の　眠りを覚ます　上喜撰　たった四はいで　夜も眠れず」に始まり今日に至るまでの、アメリカとの、一時《いっとき》は激烈な戦火さえ交えた、切っても切れない政治経済社会的関係に思いをいたすときに、本書によって読者各位が、アメリカの歴史やこれに伴う政治制度を、身近に感じ、よりよく理解していただくこととなれば、それは、私のまことに幸《さいわ》いとするところである。

最後になるが、本書の懐胎期にあって、先ずは、私と、本件に関しての問題意識を共有しつつ、その企画編集等に際しての迅速適切対応により、かくの如き時宜に沿った如くの出版に至ったことに関して、同時代社川上隆社長以下スタッフ各位に改めての謝意を表したい。

（二〇二一年三月記）

著者略歴

松岡　將（まつおか・すすむ）

1935(昭和 10)年 2 月 7 日、北海道樺戸郡月形村宇知来乙(母の実家)生まれ。当時父は、全国農民組合北海道聯合会執行委員長で、北海道上川郡剣淵村在住。生後 2 ヵ月ほどして父母に伴われて剣淵村へ。一年ほどして、旭川にうつり、4 歳まで旭川にて過ごす。のち、東京、仙台、三条（新潟）をへて、1941（昭和 16）年 6 月、父の勤務に伴い、渡満（関東州大連へ）。小学生時代を大連で 1 年、新京（現長春）で 4 年過ごし、終戦 1 年後の 1946（昭和 21）年 9 月、満洲（新京）から葫蘆島をへて父の郷里仙台に引揚げる。仙台にて東北学院中・高校を経て、1958（昭和 33）年 3 月、東京大学経済学部を卒業し、同年 4 月、農林省入省。省内各局を経験して、1972 ～ 76（昭和 47 ～ 51）年の 4 年間、外務省に出向し、在ワシントン日本国大使館勤務。1976 年 7 月に帰国後、食糧庁、農蚕園芸局、構造改善局、経済局、大臣官房等を経て農水省国際部長、東海農政局長を歴任して 1986（昭和 61）年退官。その後、ジェトロ、国際農業交流基金、FAO 協会、IFPRI（国際食料政策研究所）等、内外の国際農業関係団体・機関に役員として勤務。国際農業問題関係の多数の著書・論文・訳書のほか、一般向け著書として『住んでみたアメリカ』(1981 年：サイマル出版会)、『ドライビング・アメリカ』(1992 年:ジェトロ出版部）など。また、最近では『松岡二十世とその時代』(2013 年：日本経済評論社)、『王道楽土・満洲国の「罪と罰」』(2016 年)、『在満少国民望郷紀行　ひたむきに満洲の大地に生きて』(2018 年)、『ワシントン・ナショナル・ギャラリー 参百景』(2020 年)、『ワシントン・ナショナル・ギャラリー 三十六肖像』(2020 年)（以上四点、いずれも同時代社）を刊行。

ドライビング・ヒストリック・アメリカ

――懐かしのヴァージニアに住まいして

2021 年 3 月 26 日　　初版第 1 刷発行

著　者　　松岡　將
装　幀　　クリエイティブ・コンセプト
組　版　　有限会社閏月社
発行者　　川上　隆
発行所　　株式会社同時代社
〒 101-0065　東京都千代田区西神田 2-7-6
電話 03(3261)3149　FAX 03(3261)3237
印　刷　　中央精版印刷株式会社

ISBN978-4-88683-898-8